Maestría en el fútbol

Las pequeñas cosas que hacen una gran diferencia:

Hábitos, Secretos y Estrategias que elevarán su juego al siguiente nivel

Chest Dugger

Contenido

SOBRE EL AUTOR 6

DESCARGO DE RESPONSABILIDAD 8

Introducción 9

Cuando una mariposa agita sus alas en Mongolia 13

El juego de hoy - Cómo las cosas pequeñas han cambiado la historia del fútbol 17

VAR - ¿Sacando los puntos de discusión u obteniendo resultados precisos? 23

Shock Horror - Los jugadores descubren que ocho pintas de cerveza y una bolsa de papas fritas NO es la comida perfecta para después de la partida. 27

Jugando a Capacidad - Player Analytics 30

Nunca reprima una olfateada - Cómo estar preparado para las oportunidades ofensivas 31

Evaluando a Nuestros Oponentes Para Maximizar las Oportunidades de Puntuación 32

Las ventajas de ser un delantero de dos pies 36

Hacer que el paso, la caída del hombro y otros trucos de regateo sean una parte natural de nuestro juego 42

Aprovechar al máximo el mediocampo 52

Haciendo del balón nuestro amigo 53

Conciencia Táctica - Manteniendo la Forma y Haciendo Correr .. 61

Convertirse en el sueño de un jugador defensivo 64

Ya no es un jugador aparte - El Portero 64

El Sr. Confiabilidad, la Sra. Confiable, el Maestro Atento o la Srta. Nunca Mercurial. 70

El Organizador 72

Hacer que el delantero pague la multa 76

Jugar por tiempo - Conozca las reglas 81

El tapón muere, nace el creador de juego 83

Las áreas técnicas en las que debe trabajar un centro de apoyo . 85

Todo está en la mente 89

Pongámonos Físicos 91

Encontrando a Nuestro Compañero de Vida 95

Conciencia Táctica en Defensa 97

El Defensor de Ataque - Respaldos Completos, Respaldos de Ala y Volando hacia Adelante 98

Lidiando con un Mago Lateral - Mirando la pelota, no los pies .. 102

Aptitud Física 105

Todo está en la mente 117

Los Diferentes Aspectos de la Resistencia Mental 120

Algunas maneras simples de desarrollar la fuerza mental 126

Aprender de los mejores 132

Eligiendo Nuestro Modelo a Seguir 132

Huelguistas 133

Mediocampistas 135

Defensa 138

Conclusión 142

SOBRE EL AUTOR

Chest Dugger es el seudónimo de nuestro equipo de entrenamiento de fútbol, Abiprod. Abiprod es un equipo de apasionados entrenadores profesionales y aficionados, con sede en el Reino Unido y Australia.

Hemos sido aficionados al deporte rey durante décadas, entrenando a equipos juveniles y senior. Como todos los aficionados al fútbol de todo el mundo, vemos y jugamos este hermoso deporte tanto como podemos. Tanto si somos seguidores del Manchester United, el Real Madrid, el Arsenal o el Galaxy de Los Ángeles, compartimos un amor común por el deporte rey.

A través de nuestras experiencias, hemos notado que hay muy poca información para el aficionado común al fútbol que quiere elevar su juego al siguiente nivel. O que sus hijos empiecen en el camino. Este es especialmente el caso de aquellos que viven fuera de Europa y América del Sur. El entrenamiento y la metodología de fútbol caros son bastante raros incluso en países ricos como EE.UU. y Australia.

Siendo apasionados por el juego, queremos hacer llegar el mensaje al mayor número de personas posible. A través de nuestro blog de entrenamiento de fútbol, libros y productos, nuestro objetivo es llevar lo mejor del entrenamiento de fútbol al mundo. Aunque estamos empezando en Estados Unidos y Australia, cualquiera que sienta pasión por el deporte rey puede utilizar nuestras tácticas y estrategias.

DESCARGO DE RESPONSABILIDAD

Derechos de autor © 2019

Todos los Derechos Reservados

Ninguna parte de este documento puede ser transmitida o reproducida en ninguna forma, incluyendo la impresión, electrónica, fotocopia, escaneado, mecánica o grabación sin el permiso previo por escrito del autor.

Aunque el autor ha hecho todo lo posible por garantizar la exactitud del contenido escrito, se aconseja a todos los lectores que sigan la información mencionada en el presente documento bajo su propio riesgo. El autor no se hace responsable de ningún daño personal o comercial causado por la información. Se anima a todos los lectores a buscar asesoramiento profesional cuando sea necesario.

Introducción

Piense en Gran Bretaña por un momento. El bueno de Blighty a través de las olas. ¿Qué le viene a la mente? ¿Lluvia? ¿Autobuses rojos? ¿Comida demasiado cocida? ¿Asombroso teatro y brillante deporte?

La última de ellas se debe, en muchos sentidos, a otra obsesión británica: la taza de té. Los británicos siempre han disfrutado de una taza de té, incluso en el siglo XVII. No hay mejor manera para un chinwag (y hay un término evocador para una pequeña reunión y un intercambio de opiniones) que tomarlo alrededor de una taza de té.

La cosa es, sin embargo, que para que el té sea una bebida sabrosa que los británicos conocen y adoran, tiene que estar hecho de agua hervida. Ahora, por casualidad, el agua hirviendo tiene un segundo efecto más allá de hacer una bebida encantadora. Mata las bacterias.

Los británicos pudieron mejorar su salud gracias a la eliminación de esta infección en el suministro de agua. Y una población sana fomenta el desarrollo de una economía.

Así que Gran Bretaña se convirtió en una nación próspera, y eso le dio el marco para entrar en la revolución industrial. Fue, como veremos más adelante, como resultado directo de ese cambio económico que surgió el fútbol. Pasó de ser una mezcla informal e ilegal de conflictos violentos a convertirse en un deporte debidamente regulado. Anteriormente, su existencia se limitaba en gran medida a una forma de atenuar el goteo de testosterona de los adolescentes en las escuelas más lujosas del país; fue gracias a la revolución industrial que los clubes, y luego las ligas, se formalizaron.

Así, cuando estamos viendo la final de la Copa del Mundo, o visitando un estadio palpitante con nuestros niños, o dando una patada en el parque, podemos agradecer a **la humilde taza de té** por lo que estamos disfrutando. Ahora, hay una buena razón para poner la tetera a calentar.

Afortunadamente (o no, dependiendo de su punto de vista) este no es un libro sobre la Revolución Industrial, ni siquiera sobre la relativamente mundana, pero sí sobre la bebida facetada que es el té. En su lugar, es un libro que analizará las acciones cotidianas que podemos tomar y que nos llevará a convertirnos en mejores jugadores de fútbol.

Nos da una idea de los muchos obstáculos que nos convierten en jugadores más fuertes, o en entrenadores más consumados. Algunos de estos consejos tienen su origen en accidentes felices. Son los resultados no deseados que conducen, inadvertidamente, a mejoras en nuestras vidas. O, lo que es más importante (argumentaríamos, con nuestra lengua firmemente en nuestras mejillas) en nuestro conocimiento y habilidad para jugar al fútbol.

Examinaremos los secretos, hábitos y estrategias que mejorarán nuestras habilidades sobre el terreno de juego, ya sea jugando o entrenando. Consideraremos los factores que nos ayudan a entender el juego y, por lo tanto, a disfrutarlo. Consideraremos los tres departamentos principales del juego: ofensiva, centro del campo y defensa. Examinaremos los elementos tácticos del juego. Se discutirán habilidades como el primer toque, el regate y el tiro al blanco.

Este libro ofrecerá consejos y tácticas para los jugadores jóvenes, y también para aquellos que podrían no retener el atletismo que solían tener. Examinaremos el entrenamiento físico y mental que podemos incluir en nuestras vidas para hacernos mejores atletas y, por lo tanto, mejores jugadores de fútbol.

Pero empecemos con un poco de contexto. Como el gran entrenador del Liverpool, Bill Shankly, dijo una vez de manera algo parafraseada: "El fútbol es mucho más que una cuestión de vida o muerte". Así que vamos a echar un vistazo a la importancia de los resultados aleatorios de la vida, cómo lo inesperado se deriva de una acción no relacionada. Usaremos este principio como una guía para aprovechar los eventos diarios en nuestra búsqueda de convertirnos en maestros de fútbol.

Nuestro libro proveerá consejos, estrategias, trucos y hábitos que podemos usar para mejorar nuestra técnica y juego de fútbol. También ofreceremos treinta consejos principales que apoyan y desarrollan las numerosas sugerencias y ejercicios que presentamos en la parte principal del libro. Incluso destacaremos a algunos de los jugadores jóvenes que iluminan cada posición de la Premier League inglesa, el fútbol de alto nivel más disponible que podemos encontrar en la televisión estadounidense.

Cuando una mariposa agita sus alas en Mongolia....

...causa un tornado en Wyoming.

Bueno, no lo hace. Pero las decisiones, grandes y pequeñas, pueden tener consecuencias mucho más allá de lo que se espera.

¿Tenía el Almirante Yamamoto el más mínimo indicio de que su idea de lanzar un ataque contra Pearl Harbor llevaría a la existencia del mundo al filo de la navaja? ¿Que sería el prefacio de la Guerra Fría, el macartismo y el crecimiento del comunismo en toda Europa del Este? ¿Que resultaría en la destrucción total de dos ciudades japonesas, Nagasaki y, antes de eso, Hiroshima?

¿O cuando Patrick McDonald instaló un puesto de comida en Los Ángeles, el resultado serían arcos dorados con forma de M&M'S en casi todos los centros comerciales, centros y parques comerciales de todo el mundo desarrollado?

No todos los resultados involuntarios son desastrosos - no es que estemos sugiriendo que sea el caso de McDonald's. Después de todo, la mayoría de los lectores de este libro serán deportistas, o al menos personas interesadas en el fútbol. ¿Qué puede ser mejor que prepararse para un partido con un Big Mac, o celebrar una victoria con un batido de chocolate de gran tamaño (como veremos, no hace mucho tiempo que una comida posterior al partido era un lugar común)?

Veamos otro ejemplo. Cuando Paul Simon fue elegido el Conejo Blanco en la producción de Alicia en el País de las Maravillas de su escuela, no había ninguna sugerencia real de que pudiera encontrar un tipo de música con la misma mentalidad en la misma producción. Sucedió que un tal Arthur Garfunkel estaba interpretando el papel del gato de Cheshire.

Incluso entonces, estos dos podrían no haber alcanzado el estatus de mega que tenían si no fuera porque un productor musical no había experimentado con añadir una pista de fondo a una pista fina, pero poco reproducida llamada `The Sound of Silence'. Por supuesto, desde aquellos días, Paul Simon grabó no sólo uno, sino dos discos seminales de todo el mundo: Bridge Over Troubled Water y Graceland. Este último desempeñó un papel fundamental en la difusión de la cultura de la Sudáfrica negra ante un público mundial.

Como tal, jugó un papel importante en asegurar que la atrocidad del apartheid se pusiera bajo el escrutinio de las naciones que antes podían sacudir sus cabezas, hacer un ruido de júbilo y continuar con la limpieza del auto. En cambio, Graceland inspiró el debate, no todo positivo (se habló mal de la explotación de músicos negros, algo totalmente injustificado) y, en última instancia, contribuyó a que Sudáfrica se convirtiera en una gran fuerza mundial.

Pero ¿qué pasaría si su profesor en la escuela primaria hubiera elegido otra obra de teatro, o si CS Lewis no hubiera estado extrañamente obsesionado con Alice Liddell y se hubiera quedado con las matemáticas en lugar de escribir Alicia en el País de las Maravillas? Todo tiene sus consecuencias, y con frecuencia no se planifican.

Hay una palabra para estos felices accidentes. Serendipity. Cuando James Naismith se enfadó al encontrar la cesta de melocotón vacía en el albergue en el que se alojaba en 1891, pudo haber pasado hambre. En vez de eso, decidió apaciguar su molestia lanzando pelotas de fútbol, y así nació el baloncesto.

Pero todos estos son resultados no planificados. Lo que veremos en este libro es el tipo de consecuencias que podemos esperar si seguimos un cierto camino de acciones. No es un salto intelectual demasiado grande llegar a conclusiones como que una inversión en educación mejorará las oportunidades de los jóvenes; o incluso una desilusión gradual con la política tradicional siembra las semillas para la elección de un presidente como Donald Trump.

Sin embargo, en este caso, se trata de asuntos mucho más importantes que la política o la educación. Se busca maneras de convertirnos a nosotros mismos, a nuestros equipos y a nuestros hijos en mejores jugadores de fútbol. El tipo de pequeños cambios diarios que podemos hacer, o adaptarnos a nuestras propias circunstancias, que nos ayudarán a convertirnos en maestros del juego. Al menos, maestros en relación con nuestros propios niveles de habilidad.

Y empezaremos por echar un vistazo a la evolución del fútbol hasta el momento en que se convirtió en el deporte que practicamos, ya sea profesionalmente, para un equipo de fin de semana, para un equipo juvenil o incluso para un simple partido en el parque. Porque, como veremos, el juego sólo existe hoy en día debido a una serie de acciones imprevistas. Ahora bien, esas acciones fueron una verdadera casualidad.

El juego de hoy - Cómo las cosas pequeñas han cambiado la historia del fútbol

Imagínese la escena. El sol de finales de otoño brilla. Hay un frío en el aire, pero que se alivia cuando la luz del sol lo golpea directamente. Cerca de allí, el río Támesis brilla, de movimiento amplio y lento. Mire hacia arriba, y a lo lejos el edificio normando que es el Castillo de Windsor se erige alto e inexpugnable. Es asombroso que una escena tan indeciblemente inglesa deba ser pasada por alto por una fortaleza construida en una época en la que un francés gobernaba el país. En la época de la construcción del castillo de Windsor, Gran Bretaña estaba gobernada por los franceses, hoy los franceses dominan el mundo, al menos en el sentido futbolístico. Guillermo el Conquistador superado por Kylian M'Bappe.

Tenga paciencia con nosotros, estamos llegando al punto que queremos dejar claro. Podría tomar un par de párrafos todavía. De vuelta a Windsor, la ciudad más elegante del condado más elegante de Inglaterra, Berkshire. Detrás de nosotros, las ventanas altas iluminan los edificios señoriales. Pasan los niños pequeños, vestidos con frac largo, chalecos y bolsos grises. Un adulto ocasional, vestido con una elegante pajarita blanca, con chaqueta negra y pantalones a rayas, pasa. Los niños se remiten a estas versiones más grandes de sí mismos.

Aquellos con buen oído y una naturaleza entrometida podrían escuchar voces ininterrumpidas como 'Él es un pico fino', u otro cumplido similar.

¿Hemos viajado en el tiempo, de vuelta a alguna era victoriana de frac y sombreros de copa? Un gran Boeing 747, un tren de aterrizaje en su descenso al aeropuerto de Heathrow pone fin a esa teoría. En las cercanías vemos un hueco en la pared; un kiosko portado impide que los visitantes no deseados entren en el funcionamiento interno privilegiado de este lugar. Por lo menos hasta el verano y los jóvenes con la cola cubierta han huido a los yates privados y a las lujosas villas de sus padres. Pero si se nos permitiera, podríamos entrar en la plaza de clausura a través de la puerta metálica custodiada, y abrirnos camino hacia un largo muro.

Una vez allí oíamos voces, más varoniles en tono que antes, pero que aún sonaban jóvenes. Pronto encontraríamos una estrecha franja de césped en la que los niños más grandes se pelean por un objeto esférico. Uno está a cuatro patas, el balón entre las piernas; otros parecen ocupados en el tipo de libertad para todos que se encuentra más a menudo en el duro centro de la ciudad cuando el club nocturno cierra y los jóvenes ebrios, hombres y mujeres, alternan entre vomitar y pelear en las calles. El uniforme de estos jóvenes británicos son faldas cortas y camisetas blancas, blusas de tirantes bajos y vaqueros azules. Los jóvenes que vemos ahora pueden provenir de hogares con más oportunidades que sus compañeros de fiesta, pero los niños de aquí todavía tienen su propio uniforme: pantalones blancos apretados metidos en calcetines largos y camisas a rayas holgadas.

De hecho, a pesar de las sugerencias en sentido contrario, no estamos atrapados en un lapso histórico; estamos firmemente en 2019, pero estamos viendo un evento con un fuerte vínculo con la historia. Uno que no ha cambiado en más de dos siglos. Estamos en el Eton College, la escuela para niños e hijos de condes y aristócratas. Están jugando el Wall Game y estamos viendo una de las primeras formas del juego más popular del mundo; estamos viendo la génesis del fútbol.

De hecho, algunos historiadores datan el juego de las antiguas dinastías chinas de hace más de 2000 años. El juego resurgió de vez en cuando, sobre todo en Gran Bretaña, y fue frecuentemente prohibido por los sentimientos "pecaminosos" que alentaba. (Nada cambia, como atestiguarán los aficionados que vean cualquier derbi local). Luego, a medida que las escuelas públicas inglesas tradicionales fueron ganando popularidad, se necesitaba algo para mantener bajo control la energía inagotable de varios cientos de adolescentes.

Se consideraron y rechazaron varias opciones. La caza eliminaría la vida silvestre en kilómetros a la redonda, sin dejar nada que ocupe a los padres que necesitan su propio deporte. Declarar la guerra a Francia siempre fue una buena opción, pero como las mejores cosas de la vida, era más apreciada con moderación. Golpear a la gente del pueblo, romper sus ventanas y robar sus mercancías fue sin duda divertido (y las víctimas eran pobres, así que realmente no importaba), pero de alguna manera eso no era del todo críquet, un peor pecado que el asesinato (¡aunque era un pecado aceptable en Harrow College!).

Así que se desarrollaron los juegos de pelota. Principalmente, en los primeros días, se trataba de patear (ocasionalmente el balón), luchar y otros tiempos pasados homo eróticos que tienen su origen en el alma mater de la juventud privilegiada de Gran Bretaña. Entonces, el joven maestro Webb Ellis estaba a punto de ser desposeído (o más probablemente decapitado) en la Escuela de Rugby durante un juego de fútbol (a veces conocido como `matar al niño pequeño'). Enfrentado a la elección entre ser pateado hasta la muerte por sus oponentes o ser golpeado en el trasero por sus compañeros (por haberles costado el partido y el honor de la casa), tomó el balón y corrió con él. Al no haberse desarrollado del todo las leyes en ese entonces, nadie estaba seguro de qué hacer.

¿Debería Webb Ellis ser asado frente al fuego de los prefectos por sus pecados? ¿Enviado a la cárcel por hacer trampas? ¿Dado el estatus de icono para inventar un nuevo juego? Bueno, lo último llegó a buen término, sin duda para alivio del joven bribón. El rugby nació, y ese pequeño acto - **recoger la pelota en lugar de patearla** - finalmente condujo directamente al deporte del fútbol que conocemos hoy en día.

Porque se hizo evidente que las leyes eran necesarias. El terreno de juego ya no sería del tamaño de cualquier campo que se encontrara a mano; el número de jugadores de cada equipo se limitaría a un número fijo en lugar del número de niños a los que la matrona de la Enfermería no alimentaba con aceite de hígado de bacalao. El juego, de la manera más suelta posible, comenzó a tomar forma.

Pronto, y no muy lejos, el Sr. Darby decidió que un bonito puente de hierro se vería escénico sobre el río Severn. Otros estaban viendo las oportunidades creadas por el bombeo de la atmósfera llena de dióxido de carbono y se construyeron poderosos hornos. Gran Bretaña estaba pasando por la revolución industrial, las fábricas estaban subiendo y la gente se movía de las casas de campo llenas de ratas a las pequeñas viviendas en terrazas apretadas bajo la fuga del humo de la chimenea. De la peste al purgatorio, podría decirse.

Una vez más, el fútbol vino al rescate. No era la testosterona esta vez lo que necesitaba ser quemada, sino las frustraciones de vivir juntos como buscadores de diversión haciendo cola para dar un paseo en una montaña rusa de Disney World en pleno verano. Así que los dueños de la fábrica tomaron el liderazgo de las escuelas públicas a las que aspiraban sus hijos, construyeron estadios y fundaron equipos de fútbol. Comenzó en Sheffield, una ciudad dura en el norte industrial, y pronto se extendió.

Poco a poco - Notts County fue uno de los primeros clubes en formarse. Surgieron en 1862, una de las nuevas fuentes de recreación, producto de la revolución industrial. Sus pocos antepasados pronto desaparecieron, pero el condado de Notts sobrevivió - nunca prosperó, pero vivió, una fuente de orgullo para su pequeño número de seguidores de East Midlands. Ganaron la FA Cup en 1894, y fueron subcampeones de la Anglo Italian Cup (ese bastión de la excelencia futbolística, lamentablemente ya no más) en 1994. En el medio, el extraño título de la liga inferior se abría paso. Notts County es ahora la liga profesional más antigua del mundo. Para cuando leas esto, eso probablemente no será cierto, ya que parece muy probable que caigan del nivel inferior de la Liga Inglesa de Fútbol, División Dos, y entren en el mundo de los futbolistas que no son de la liga. Una lástima.

Así que ahí, en dos mitades de más o menos 800 palabras, tenemos una historia resumida de los orígenes del fútbol. Pero, por supuesto, el mejor juego del mundo se está desarrollando todo el tiempo. Así es como mantiene su supremacía. Cada cambio en la ley del juego, cada innovación táctica, cada pequeño paso de progreso en la forma en que los jugadores se cuidan a sí mismos, cada desarrollo mueve al fútbol hacia adelante. O, los cínicos podrían argumentar, al revés. Pero como quiera que los veamos, estos desarrollos cambian la forma en que jugamos.

Tomemos como ejemplo tres innovaciones. La introducción del VAR; el papel cambiante que juega la nutrición en el maquillaje de un jugador de fútbol y el uso creciente de la analítica del jugador.

VAR - ¿Sacando los puntos de discusión u obteniendo resultados precisos?

Unos tres días antes de escribir esta página, hubo un partido importante en la Premier League inglesa. Cardiff City estaba recibiendo a Chelsea. A falta de unos pocos partidos para el final de la temporada, ambos equipos tenían mucho por lo que jugar: Cardiff estaba en la zona de descenso, pero una victoria los situaría a dos puntos de la zona de seguridad con un partido menos. El Chelsea, que ha disfrutado de años de éxito, está empezando a tener problemas ahora que el dinero de Roman Abramovich no fluye tan libremente. Estaban desesperados por una victoria que los mantuviera en contacto para lograr un final entre los cuatro primeros. Eso les daría la mejor oportunidad de asegurar el fútbol de la Liga de Campeones la próxima temporada, con todos los millones de dólares en efectivo y recibos de televisión asociados.

Los mejores jugadores del mundo quieren jugar en la Liga de Campeones, y cada temporada, fuera de la competición, el Chelsea se quedaría rezagado con respecto a los equipos de élite de la Premier League inglesa, ya que los jugadores más importantes del planeta eligen a jugadores como el Juventus, el Bayern de Múnich, el Dortmund, el Liverpool y el Atlético de Madrid por encima del blues del oeste de Londres. (Causando, podríamos concluir, blues del oeste de Londres).

Pero en el momento del partido, ni el Chelsea ni el Cardiff estaban en plena forma. No es de extrañar, pues, que se tratara de un partido difícil entre dos equipos que luchaban por la confianza. Pero poco a poco, tal vez sorprendentemente, Cardiff comenzó a llegar a la cima. Marcaron, y a sólo unos minutos del final parecía que iban a aguantar. Entonces Chelsea consiguió una esquina. Imagínate la escena; Cardiff se ha alineado zonalmente, con su defensa extendida a lo largo de la línea de seis yardas. No han dejado jugadores en los postes. El Chelsea tiene dos jugadores alrededor del portero de Cardiff.

Cuando se toma la esquina, estos dos jugadores están tal vez a cuatro o cinco yardas 'fuera de juego' - aunque, como es una esquina, no lo están.

La entrega es un out swinger, y un jugador del Chelsea dirige el balón hacia la portería desde el borde del área de seis yardas. No hay ninguna duda al respecto. Mientras tanto, César Azpilicueta, el lateral del Chelsea, que era uno de los jugadores que rodeaba al portero de Cardiff, ha vuelto al área de seis yardas. En el momento en que la pelota es lanzada, él está a dos, quizás tres, yardas fuera de juego.

Sin marcar, asiente el balón a la red. Los jugadores de Cardiff miran hacia el árbitro y su ayudante. El gol está tan ridículamente fuera de juego que su guardameta ya está tratando de lanzar el tiro libre. Con asombro, luego incredulidad, y luego furia absoluta, ven tanto al árbitro como a su juez de línea (lo siento, árbitro asistente - hay un nombre tonto si es que alguna vez hubo uno) volver a la línea de mitad de cancha. Se da una meta.

Es un objetivo que probablemente hará que Cardiff quede fuera de la primera división, lo que le costará al club unos doscientos millones de dólares en ingresos perdidos, dinero perdido en la televisión y menos espectadores. Es casi seguro que al final de la temporada el entrenador será sustituido. Podría empujar al Chelsea a terminar entre los cuatro primeros, y le costaría al club, que debería haber terminado por encima de ellos, unos 50 millones de dólares en la financiación perdida de la Liga de Campeones.

Todo porque un árbitro y su ayudante cometen los errores más terribles. Después del partido, los analistas de televisión y los expertos intentaron explicar el error. No podían hacerlo. Su mejor oferta era que el asistente se dejara ver cuando el que tomaba la esquina se le adelantaba. Pero esta fue una excusa insatisfactoria. El goleador nunca podría haber estado en fuera de juego dada su posición inicial.

VAR (video asistente de árbitro) eliminaría este tipo de error. Ya se utiliza ampliamente en las grandes ligas europeas y es una de las características de la reciente Copa Mundial de Rusia, por lo que reduce los errores de arbitraje. No es perfecto; una cuestión es decidir cuándo se debe usar. Revisar cada decisión sería ralentizar el juego hasta el punto de que pierda su atractivo como deporte para el espectador. Por lo tanto, alguien tiene que decidir cuándo informar al árbitro de que ha cometido un error.

A veces el VAR también se equivoca. Al igual que el ojo de halcón en el tenis, es un sistema falible, menos falible que el ojo humano. Entonces, ¿cómo cambia el VAR el juego profesional?

Tal vez la manera más importante sea limpiar el juego sucio de bajo nivel en el área penal. Ahora, un defensor que agarra un brazo para evitar que un oponente salte - un delantero que cae, intacto, al suelo - será expuesto. Significa que los saques de esquina, los tiros libres, etc., se convertirán más en una competición de habilidad que en un juego de azar en el que se puede engañar al árbitro. ¿Seguramente, eso sólo puede ser una buena (si no perfecta) mejora?

Finalmente, hay algunos que se quejan de que el VAR ha sacado del juego la alegría de hablar de temas polémicos. Pero este argumento es poco convincente. Pregúntele al equipo nigeriano, o a sus seguidores, después de que no consiguiera un penalti en la Copa del Mundo cuando el argentino Marcus Rojo tocó el balón con la mano. O los aficionados de Croacia cuando, en la final nada menos que, lo que parecía ser una zambullida de Antoine Griezmann no fue revisado porque no cumplía con los criterios para que el VAR lo viera. Francia anotó desde el tiro libre resultante.

Top Tip To Take-Away 1 - Para la gran mayoría de nosotros que jugamos a nivel amateur, el VAR nunca se convertirá en parte de nuestras vidas de jugadores. Si los árbitros profesionales y sus jueces de línea se equivocan, entonces los aficionados ciertamente lo harán. Jugar una trampa de fuera de juego es legítimo, pero es una táctica muy arriesgada a nivel amateur.

Shock Horror - Los jugadores descubren que ocho pintas de cerveza y una bolsa de papas fritas NO es la comida perfecta para después de la partida.

Los verdaderos aficionados al fútbol conocerán al gran entrenador Brian Clough. Clough era un cliente astuto, franco y testarudo. Pero como entrenador era capaz de llevar a jugadores mediocres a cotas sorprendentes. Después de una exitosa carrera como jugador que se vio interrumpida por una lesión -puede que haya formado parte del equipo ganador de la Copa del Mundo de 1966 si se hubiera recuperado-, pasó a ser entrenador.

A mediados de los años sesenta, tomó su primer empleo como entrenador en el Hartlepool United, un equipo de la liga inferior muy pasado de moda. Aquí, tomó el término 'entrenador' literalmente, tomando un examen de manejo que le permitió dirigir al equipo tanto literal como metafóricamente. Supervisó la compra de un viejo autobús y se convirtió en el conductor del autobús del club, ya que el Hartlepool United era un equipo demasiado pequeño para contratar ese tipo de transporte de forma regular. A pesar de su dominio de la táctica, la formación de equipos y la gestión de los hombres, el nuevo entrenador no sabía nada de nutrición. Clough se detenía de camino a casa después de los partidos fuera de casa y compraba el pescado y las patatas fritas del equipo. Una forma perfecta de reemplazar los carbohidratos y revitalizar los músculos. O, tal vez, no.

En el otro extremo del espectro del talento futbolístico, había una cultura de consumo de alcohol en el fútbol británico en la segunda mitad del siglo XX. Eso fue tan cierto en las divisiones superiores del fútbol inglés y escocés como en las divisiones inferiores del juego. Mientras que los futbolistas en Europa ya entendían la ciencia de la nutrición como una forma de apoyar el rendimiento, y la Liga Norteamericana de Fútbol era, para ser justos, una organización relativamente poco profesional, a los jugadores en el Reino Unido les gustaba una pinta. O diez.

Ni siquiera Tony Adams, capitán de Inglaterra y del Arsenal, doble vencedor y defensor por excelencia, tenía ni idea de cómo cuidarse. En su autobiografía, Adicto, Adams explica cómo se entrenaba usando una bolsa de basura de plástico para sudar el alcohol fuera de su sistema.

Hacía largas sesiones de borracheras, lo que llevaba a la ignominia de orinarse encima. En una ocasión, incluso se emborrachó mientras jugaba en un partido de liga; describe la vergüenza de intentar correr por el ala y caerse.

Adams, afortunadamente, se enfrentó a su alcoholismo y continúa superándolo (los alcohólicos están ansiosos por señalar que nunca se curan). Arsène Wenger, el entrenador francés, que se incorporó al Arsenal a mediados de los años 90, fue uno de los principales impulsores de este estado, e introdujo un régimen que prestaba mucha atención a la dieta.

Si nunca es probable que el VAR tenga un impacto en el nivel en el que la mayoría de nosotros jugamos (parece poco probable que haya cámaras y monitores instalados en los campos de juego del parque local), entonces la dieta sí puede. Una buena alimentación nos permite entrenar más duro, mantenernos en forma, recuperarnos rápidamente y jugar a un ritmo más rápido en los partidos. Es un tema sobre el que volveremos más tarde.

Top Tip To Take-Away 2 - Como jugadores aficionados, no es práctico basar nuestras vidas en las necesidades nutricionales de los jugadores de fútbol profesionales, pero aun así podemos comer con cuidado y beber con moderación. Esto ayudará a nuestra salud en general, así como a nuestro desempeño en el territorio de los reyes. Aumentará significativamente nuestra calidad de vida fuera del fútbol.

Jugando a Capacidad - Player Analytics

Al igual que con la dieta, la analítica es algo que se puede utilizar -en un grado relativo- en cualquier nivel del juego para mejorar el rendimiento. Fundamentalmente la analítica en el sentido que estamos aplicando aquí mide la capacidad de los jugadores, y ayuda a afinar a los jugadores de fútbol para alcanzar esa capacidad. En los niveles superiores, también permiten a los entrenadores hacer juicios informados sobre las sustituciones.

Por ejemplo, un jugador que puede sostener doce kilómetros de carrera (el promedio, a nivel profesional, es un poco menos de 11 km) comenzará a desvanecerse una vez que se alcance ese punto. Un entrenador sabrá que, por muy bien que se desempeñe ese jugador, su estandarte caerá a medida que el cansancio se vaya acumulando. Ese deterioro incluirá tanto los estándares mentales como los físicos.

Así, por ejemplo, un centrocampista al que ya se le ha mostrado una tarjeta amarilla y que ha excedido su capacidad normal de funcionamiento es más probable que juzgue mal un tackle y gane el segundo amarillo que se traduce en un rojo. Por lo tanto, un entrenador puede optar por retirar al jugador por esta razón. El público, que ha visto a su héroe actuar de forma excelente, podría sentirse desconcertado por la decisión. El entrenador, sin embargo, tendrá el análisis a mano, y habrá hecho su juicio basado en la evidencia.

El resultado de la analítica es que las sustituciones influyen en los juegos con más frecuencia, y los jugadores evitan las lesiones con más frecuencia, ya que éstas se producen cuando un jugador está física y mentalmente cansado.

Top Tip To Take-Away 3 - Hay muchos libros que examinan el papel de la analítica en el juego moderno. Algunos, como uno de su autor Chest Dugger, se centran en las formas en que la analítica puede ayudar tanto al jugador aficionado como a los mejores profesionales. Un libro así vale la pena leerlo, tanto para entrenadores como para jugadores. Puedes encontrar ese libro aquí.

Hasta ahora, hemos analizado los cambios -en el fútbol y más allá- que son amplios en su naturaleza. Ahora pasaremos a los cambios aún más pequeños, y más precisos, que pueden influir en nosotros como jugadores a nuestro propio nivel. Usaremos ejemplos del juego profesional para ilustrar nuestros puntos siempre que sea posible. Sin embargo, estos capítulos ofrecerán ideas prácticas para hacernos mejores jugadores.

Nunca reprima una olfateada - Cómo estar preparado para las oportunidades ofensivas

Ser un gran delantero es cuestión de instinto. Se trata de estar en el lugar correcto en el momento adecuado, y tener la velocidad de pensamiento y movimiento para aprovechar ese juicio (o la buena fortuna... aunque, hay mucha verdad en el dicho de que los mejores jugadores hacen su propia suerte). Los buenos jugadores ofensivos se encuentran en el lugar correcto con demasiada frecuencia como para que se deba al azar. Marcan con demasiada frecuencia como para que el final sea una cuestión de suerte.

Aunque nunca lleguemos a jugar en el escenario mundial, o a entrenar a las estrellas del futuro, todavía podemos mejorar nuestras habilidades ofensivas a través de las cosas que hacemos en nuestra vida diaria.

Evaluando a Nuestros Oponentes Para Maximizar las Oportunidades de Puntuación

Un requisito previo para ser un buen delantero es la confianza en sí mismo. Usted debe sentir que correrá riesgos, a dejar pasar esa oportunidad. También necesita habilidades bien afiladas, una técnica fuerte y una buena comunicación.

Pero hay otro factor que puede ser pasado por alto, incluso por los mejores entrenadores y los más capaces. Eso es **neutralizar la fuerza de la oposición.** Es aquí donde ofreceremos nuestro próximo y valioso hack para hacernos mejores jugadores de fútbol.

Una buena pregunta para empezar es por qué un jugador en particular está en el equipo. En otras palabras, ¿cuáles son sus puntos fuertes? Sergio Ramos, el lateral central del Real Madrid, está ahí porque es un líder dominante y un atacante sensato. No tiene debilidades evidentes (como se puede esperar de un internacional experimentado que juega en uno de los clubes más importantes del mundo), pero esos son sus puntos fuertes.

Otros defensas pueden estar bendecidos con un ritmo impresionante o con un gran sentido de la posición (Bobby Moore, quizás el mejor centro de todos los tiempos parecía tener la notable habilidad de estar siempre en el lugar correcto). Significaba que ya estaba a tres cuartos del camino para desposeer a su oponente o bloquear un tiro antes de tener que poner su cuerpo en la línea.

Si tomamos a un defensa como Virgil Van Dijk, el centrocampista holandés que muchos describirían como el mejor del mundo en este momento, tenemos un problema. Porque él posee todos esos atributos. Y también es bueno en el aire. Ciertamente, en el nivel en el que jugamos no nos vamos a encontrar con un Ramos, un Moore o un Van Dijk, aunque nos vamos a encontrar con jugadores que son igualmente dominantes en su nivel de juego.

Por lo tanto, al decidir por qué un jugador está en un equipo, usted hace una evaluación tan rápido como puede. Ayuda si usted ya jugó contra el club, y está familiarizado con sus cuatro jugadores de defensa (o tres, o cinco), pero por lo general dentro de cinco a diez minutos podrá obtener una imagen de su oponente. ¿Favorece un pie sobre el otro? ¿Les gusta empujar hacia adelante y dejar huecos detrás de ellos?

Entonces considere sus propias fortalezas, y trate de compararlas con las del defensor contrario, a quien le resultará más difícil hacer frente a los atributos que posee. Esto es más fácil de hacer como entrenador, porque en ese papel tiene la autoridad para formar su equipo. Puede colocar a su extremo veloz contra el más lento, o enviar su número diez al área frecuentemente abandonada por un medio centro merodeador.

Como jugador, es más difícil. En este caso, debe tener en cuenta no solo su propio rendimiento, sino también su papel en el equipo. Sin embargo, todavía contribuirá más a la eficacia de su equipo en general si tiene la mayor oportunidad de hacer un impacto.

Puede ver que esta jugada táctica fue excelente si busca en línea lo mejor del Arsenal contra el Manchester Utd en la Copa de Inglaterra de 2019. Fue una clase magistral táctica del joven entrenador del Manchester United, Ole Gunnar Solskjaer.

Al ver que la principal amenaza del Arsenal venía de sus espaldas llenas, dejó a dos delanteros rápidos: el joven inglés Marcus Rashford y el belga Romalu Lukaku, delantero y desviado.

Solskjaer, que había marcado el gol de la victoria cuando el United ganó la Liga de Campeones en 1999, llenó su defensa y esperó a que se rompiera el ataque del Arsenal. Su equipo simplemente se rompió rápidamente, distribuyendo el balón a uno de sus delanteros que siempre parecía estar en el espacio. Con un veloz centrocampista de apoyo a remolque, el amplio delantero se adelantó, sacó una mitad central más lenta de su posición y jugó el balón en el área central.

En cuanto al juego, el Arsenal dominó la posesión y la presión. Pero en cuanto al resultado, el Manchester United ganó cómodamente.

Incluso en el nivel en el que usted juega, puede desarrollar esa flexibilidad mental para detectar las fortalezas y debilidades de un oponente y explotarlas al máximo. El análisis posterior a la práctica, las charlas en equipo de medio tiempo, los ejercicios en las sesiones de entrenamiento e incluso el simple hecho de acostumbrarse a analizar a las personas en nuestra vida diaria hacen que este tipo de conciencia táctica sea algo natural.

Y qué puede ser más divertido que pensar en las debilidades de sus oponentes de trabajo...lo siento, quiero decir colegas, ¿y pensar en formas de explotarlos? A todos nos gusta hacerlo, ¿no?

Top Tip To Take-Away 4 - Un rápido análisis de las fortalezas y debilidades de sus oponentes puede ayudarlo a hacer sus propias actuaciones más efectivas.

Consejo principal para llevar 5 - Los entrenadores tienen la visión general del rendimiento del equipo, los jugadores deben encajar en la estrategia del equipo. Los jugadores pueden (y deben) tratar de usar su propia iniciativa durante un juego, pero no en detrimento del juego en equipo en general.

Las ventajas de ser un delantero de dos pies

Mencionamos a Virgil Van Dijk arriba, y ahora regresaremos con él. No se preocupe, este libro no se convertirá en un homenaje al mayor maestro holandés desde que Vincent Van Gogh se dio cuenta de que podía dibujar un girasol, por mucho que su obra se lo merezca.

Muchos lectores obtendrán su acceso principal al fútbol de alto nivel viendo la Premier League inglesa. Por lo tanto, tiene sentido que cuando ilustramos nuestras sugerencias con ejemplos de la vida real, hacemos referencia a esta liga siempre que sea posible. (Lo que no quiere decir que otras ligas no producen futbol o jugadores de alta calidad, es sólo que pueden ser más difíciles de acceder en la televisión americana).

Volvamos a VVD (como se le conoce ampliamente en Twitter). El ejemplo que vamos a utilizar es un partido crucial hacia el final de la temporada 2018-19. El Liverpool necesita ganar para volver a estar en lo más alto de la tabla. La derrota significa que sigue estando a un punto del Manchester City y habrá jugado un partido más. Su rival, el

Tottenham Hotspurs, está luchando por mantenerse entre los cuatro primeros y asegurarse la entrada en la liga de los campeones.

Los marcadores están empatados y el Liverpool está presionando mucho cuando pierde la posesión del balón. Con un rápido intercambio de pases, el Tottenham se mete en el campo de los Reds y se encuentra en una situación clásica de dos contra uno. El veloz francés Sissoko está en el balón, y el coreano Heung Min Son, igualmente rápido, está en el banquillo. El hijo tiene una temporada estupenda, y si se encuentra en una situación de uno contra uno con el portero del Liverpool, todas las apuestas sobre si convierte o no, la oportunidad se acabará.

Como último defensor, el ya mencionado Van Dijk tiene un problema. Si te pones a hacer frente a Sissoko, el balón se pasará al Hijo, que estará en esa situación tan deseada con el guardameta. Aguanta y evita el pase y Sissoko tendrá la oportunidad de disparar.

La defensa que sigue es mágica. Van Dijk se posiciona para evitar el pase, pero también está lo suficientemente cerca como para mantener el balón en el pie más débil de Sissoko. El delantero dispara desde el borde del área, pero su esfuerzo carece de confianza y termina en la tribuna detrás de la portería.

Brillante. El Liverpool gana el partido y regresa a la cima de la liga.

Pero, con razón, podríamos pensar que por muy impresionante que sea el VVD, este es un capítulo sobre movimientos ofensivos. Lo cual es cierto. Lo que queremos decir es que, si Sissoko hubiera sido capaz de disparar con su pie izquierdo con la misma precisión con la que lo hace normalmente con su derecha, entonces la red podría haber absorbido el balón, en lugar de que un pobre aficionado detrás de la portería le hubiera dado en la cara.

Es raro que un jugador sea genuinamente bueno con ambas piernas. Una pierna normalmente domina. Sin embargo, es posible - con práctica y determinación - hacer que la extremidad más débil funcione lo suficientemente bien como para que no sea un impedimento.

Los entrenadores y los padres de niños pequeños tienen una gran responsabilidad aquí. A los jugadores júnior les resulta difícil ver la importancia de una mejora a largo plazo. Se trata del "ahora" en su psique. Por lo tanto, utilizarán su pie dominante siempre que sea posible, porque eso le da mayor éxito a corto plazo.

Al hacerlo, están cometiendo una serie de pecados de fútbol. Están ampliando la brecha entre las fortalezas de su pie dominante y el más débil. Esto, a su vez, fomentará aún menos el uso del lado más débil.

También están perdiendo su equilibrio natural, aunque menos desarrollado, en su lado más débil, porque no lo están utilizando. Finalmente, psicológicamente están reforzando su sentido de la relativa fuerza y debilidad de sus dos pies. Esto desalentará aún más el uso de la extremidad más débil.

Pero los entrenadores y los padres pueden ayudar a resolver este problema con muchos ejercicios en los que hay que usar el pie más débil. Estos pueden ser muy divertidos, porque los jugadores luchan con estos ejercicios, así que suceden cosas divertidas. Pronto, sin embargo, si han trabajado duro, podrán usar ambos pies instintivamente. Probablemente, un pie siempre será dominante, pero al menos el jugador tendrá confianza en ambos lados.

Lo que Sissoko claramente no era. Y es un profesional de alto nivel.

Pero para la mayoría de nosotros, es demasiado tarde para desarrollar nuestro pie más débil naturalmente, como lo hacen los niños. Hemos llegado a la edad en la que siempre se siente un poco incómodo usar nuestra clavija más débil para algo más que estar de pie, o en un aprieto haciendo un pase de diez yardas sin presión.

Sin embargo, también puede aprender a mejorar el pie más débil. La práctica es tan importante usted como lo es para los jugadores jóvenes, pero a medida que crece, también es más capaz de examinar la técnica, aprenderla y luego aplicarla en situaciones de partido.

La técnica para disparar sigue siendo, en general, la misma, cualquiera que sea el pie que se utilice. Es sólo que viene más naturalmente con el pie más fuerte. Sin embargo, esta regla empírica es en sí misma un poco engañosa. Porque el pie que no patea es tan importante como el que golpea el balón en el momento del tiro. Si la posición de este pie es incorrecta, entonces el equilibrio será incorrecto y se perderá el control.

Cuando está luchando para hacer que su cuerpo se sienta más natural mientras trata de patear con su pie más débil, puede decir que son sólo los papeles los que han cambiado, no la importancia que se les da.

El pie que no patea está firmemente plantado al lado del balón. Golpee suavemente a través de la pelota, con los cordones (para mayor potencia) o con el pie lateral para mayor precisión. Su cabeza avanza por encima de la pelota, manteniéndola baja. Casi dos tercios de los goles marcados provienen de tiros bajos, por lo que mantener el balón bajo es la habilidad clave que hay que desarrollar. Sus brazos salen para equilibrarse y sus hombros giran para generar energía, girando en la dirección en la que se mueve el pie que patea. Usted se ha inclinado ligeramente hacia delante para mantener el balón bajo.

Para los tiros que quiere levantar, su cabeza está más erguida, no se incline hacia adelante y el pie que no patea está plantado un poco más atrás para un tiro bajo.

Desarrollar su pie más débil para disparar se trata de hacerlo instintivo. A menudo, las oportunidades de rodaje son fugaces y requieren un esfuerzo por primera vez. Debería trabajar en el desarrollo de ese instinto dedicando sesiones de entrenamiento para dar más tiempo al lado más débil, aunque eso signifique un poco de práctica con un portero o un muro cuando todos los demás se dirigen al bar, o siguen conduciendo hacia el parque de entrenamiento".

Usted puede practicar en su patio trasero con los niños o, de nuevo (y mejor aún, porque puede patear más fuerte) una pared. Mantener un globo en la casa nos da la oportunidad de tener una o dos huelgas cuando vamos al baño, o de hacer una taza de café.

Puede tener una caminata a paso ligero por la calle, o en un pasillo tranquilo en el trabajo. Sólo asegúrese de que el jefe no se lo ponga en la espinilla mientras colocamos uno en la esquina inferior - metafóricamente, por supuesto.

En la sección anterior, analizamos cómo la comprensión de los puntos fuertes y débiles de sus rivales puede convertirlo en delanteros más eficaces. No hace falta pensar mucho para darse cuenta de que los jugadores defensivos están haciendo los mismos cálculos sobre los jugadores con mentalidad de ataque. Si vuelve al ejemplo del fútbol profesional, podrá ver lo difícil que habría sido la decisión de Van Dijk si supiera que Sissoko tenía dos pies.

Tendría que haber entrado para el placaje, porque no tendría un pie más débil para guiar a su oponente. Eso habría conducido casi con toda seguridad a un simple pase al de apoyo, y a una probabilidad mucho mayor de que se produjera un gol. La importancia de ser un delantero de dos pies no puede ser exagerada.

Consejo principal para llevar 6 - A veces un defensor no puede hacer más que reducir las posibilidades de gol, en lugar de eliminarlos por completo. En estas circunstancias, la defensa inteligente es tan importante como los atributos físicos que posee el jugador defensivo.

Consejo principal para llevar 7 - Los padres y entrenadores deben inculcar la importancia de usar ambos pies en la mente de los jugadores jóvenes tan pronto como sea posible.

Consejo superior para quitar 8 - Ambos pies son importantes, cualquiera que sea el que haga el tiro. La técnica es la misma tanto para el tiro con el pie derecho como con el izquierdo. No hay razón para ser un jugador de un solo pie, aparte de que se siente más cómodo. Incluso eso se aborda si practica con suficiente regularidad.

Hacer que el paso, la caída del hombro y otros trucos de regateo sean una parte natural de nuestro juego
Un buen delantero ya va a saber si tiene el ritmo para superar a su defensa en una situación de uno contra uno. Un extremo veloz, o un

nuevo estilo de 'velocista' en el centro del campo, a menudo tendrá esa ventaja en velocidad. Pero no siempre.

Hoy en día, el hombre anticuado ha comenzado a desaparecer del juego. Como resultado, los jugadores defensivos ya no necesitan medir aproximadamente dos metros para ganar batallas aéreas. Los defensores más rápidos y ágiles están de moda. Todo esto se combina para que los jugadores ofensivos necesiten algo más que velocidad para vencer a su marcador. También necesitan astucia. Los retos a los que se enfrentan los centros delanteros, los números 10 y los extremos (a los que hay que añadir los laterales) son mayores que nunca. Esta es una necesidad mayor en un lugar como Estados Unidos, donde la norma son los defensores fuertes y atléticos.

Echemos un vistazo a algunas de estas habilidades individuales que puede incorporar a su juego ofensivo.

El Step Over - dejar a nuestro defensor postrado en el suelo

La superestrella portuguesa y ganadora frecuente de Ballon D'Or, Cristiano Ronaldo, es el maestro del step over. Encuentra los clips en línea de este extremo que se convirtió al centro hacia adelante. Lo más sorprendente es la velocidad a la que operan los pies del jugador portugués. Ya sea que corra a toda máquina, o que se detenga antes de acelerar, los pasos se producen en un abrir y cerrar de ojos. Sólo necesita un momento de confusión en la mente del defensa, y Ronaldo está fuera.

Ya desde su adolescencia en el Manchester United, el jugador fue capaz de aterrorizar a las defensas. De hecho, la decisión de Sir Alex Ferguson de jugar con el suyo como extremo, antes de colocarlo más tarde en una posición de delantero más central, le dio la oportunidad de desarrollar esas habilidades que todavía brillan hoy, a pesar de que el jugador tiene más de treinta y tantos años. El paso por delante ha dado lugar a innumerables goles y asistencias para Ronaldo y sus equipos, y ha sido un factor crítico en su éxito.

El paso por encima funciona mejor cuando se corre a alta velocidad, directamente a un defensor que está cayendo hacia atrás para ralentizarnos. Sin embargo, para los que tienen suficiente talento, también se puede utilizar cuando se detiene y atrae al defensor.

El movimiento está en sus sonidos. Simplemente usa su pie para rotar la pelota sin tocarla. El defensor sigue el pie, su peso se desplaza y se crea espacio. Luego movemos la pelota con el otro pie para explotar este espacio.

Un doble paso por encima causa aún más confusión defensiva. Aquí, primero un pie realiza la maniobra, luego el otro. El defensor está cada vez más desequilibrado a medida que avanza la aproximación.

La clave para perfeccionar esta habilidad es el equilibrio. Trabaje (con o sin balón) corriendo con los dedos de los pies, con los brazos abiertos para mantener el equilibrio. Intente completar los movimientos de los pies del paso por encima sin perder velocidad.

La gota del hombro y el adiós

Puede mejorar esta habilidad sin necesidad de un balón. Puede conseguir los movimientos justo antes de trabajar contra un oponente real. Esta maniobra trata sobre el disfraz y el movimiento del cuerpo. Corra a un ritmo de tres cuartos hacia el defensor, con el balón bajo control, equilibrado y con los pies en la tierra.

A medida que se acerque al oponente defensivo, baje un hombro, empuje su peso de esa manera, déjelo caer y doble la rodilla de ese lado. Golpeé la pelota en la otra dirección con el exterior de su otro pie. Su oponente ha seguido la caída de su hombro y ha desplazado su peso de ese lado, lo que le dificulta reaccionar ante lo que viene después.

Al golpear la pelota, empuje el pie que tiene apoyado desde la rodilla doblada. Acelere después del balón, con su ritmo cambiando a la velocidad máxima. Si completó la jugada correctamente, habrá confundido a su oponente, lo que le dará tiempo para esquivar o hacer un tiro, un centro o un pase.

El Turno de Cruyff - Recuerdos de un Mago

Algunos grandes jugadores nunca han logrado ganar el Mundial. Michel Platini, George Best, Lionel Messi, Ronaldo son cuatro que vienen a la mente rápidamente. Pero hay otro que estuvo increíblemente cerca. Ese es el maestro Johan Cruyff. Este genio del mediocampo fue el talento detrás de uno de los mejores equipos de la historia, los equipos holandeses de fútbol de los años setenta.

Cruyff dominó este pequeño movimiento que es perfecto para crear el espacio para un centro o un tiro. Implica un rápido cambio de dirección, moviéndose desde una posición casi estacionaria. La pierna del atacante se coloca entre el balón y el defensor para protegerlo. El otro pie se engancha alrededor y atrapa la pelota. Hay una pausa momentánea, y la pelota es empujada (no pateada, este es un movimiento sutil) entre 90 y 180 grados desde donde había estado dirigiéndose. El atacante entonces cambia de dirección y se aleja con el balón, tirando o pasando si se presenta la ocasión.

El turno de Cruyff es para engañar a un defensor. Por lo tanto, el atacante utiliza todas las tácticas que puede para lograr su objetivo; los brazos rotan, los hombros se hunden y los ojos se desorientan. Utilizado de forma efectiva, el turno de Cruyff es una herramienta muy eficaz para ayudar a un delantero a superar a su defensor.

A los niños les encanta aprender estas habilidades. También son divertidos para que los adultos los usen. Para practicar, empiece en una posición estacionaria, sin oposición para conseguir que los movimientos y el peso del tacto sean correctos. Luego avance a moverse a un ritmo de trote. Por último, coloque un cuadrado de conos a 15 yardas de distancia y trabaje para cambiar de dirección en cada esquina.

Two Footed Touch - Apretar a través de los espacios

El trabajo de un defensor suele consistir en ralentizar a un delantero hasta que llegue el apoyo para cerrar el espacio. Un delantero puede crear su propio espacio en esta situación con una habilidad difícil pero eficaz. En efecto, él o ella hace un pase corto con un pie hacia el otro, y luego utiliza ese pie para propulsar el balón a través del espacio entre los defensores. El delantero baja su centro de gravedad y acelera por el espacio después del balón. Incluso si la habilidad no se quita, a menudo se gana un tiro libre cuando los jugadores defensivos intentan cerrar el espacio.

Hay dos criterios clave requeridos para esta habilidad. En primer lugar, el delantero necesita pies rápidos. En segundo lugar, un cambio de ritmo explosivo. Los jugadores pueden trabajar en ambos durante su vida cotidiana. Añada a sus planes de ejercicios diarios carreras cortas. La técnica requiere dejar caer el centro de gravedad, bombear las piernas y los brazos, y conducir hacia adelante.

Los pies rápidos mejoran con muchos pasos cortos. Las escaleras de Agility son excelentes para esto. Pero hay escaleras de agilidad en la mayoría de las calles y en muchos patios traseros. Se llaman adoquines y son ideales para trabajar en pasos cortos y potentes.

Una vez que tiene los criterios físicos en su lugar, puede introducir un balón y practicar el pase corto entre los pies.

La nuez moscada - Cómo molestar nuestra espalda completa

A nadie le gusta que le den nuez moscada. Este es el movimiento por el cual el balón es "pasado" entre las piernas del defensor, y el delantero corre alrededor, dejando a su oponente mirando y sintiéndose un poco tonto.

Cuando los defensores compiten con sus oponentes, tienden a abrir las piernas para mantener el equilibrio y para que puedan cambiar de dirección. A medida que la pelota pasa a través de ellos, cierran automáticamente sus piernas para intentar detenerla. Si tienen éxito, el balón suele rebotar hacia el delantero; de lo contrario, se pierde el equilibrio y la capacidad de cambiar de dirección rápidamente. El delantero está fuera. La multitud aplaude y el defensor humea.

Knock and Go - Explotar el ritmo

Terminemos esta minisección volviendo al atributo principal de muchos jugadores atacantes, especialmente los jugadores anchos: la velocidad del rayo. En este movimiento confiamos en nuestras piernas contra nuestro oponente. El jugador defensivo está intentando frenarnos y conseguir apoyo para evitar esta maniobra. Pero nosotros nos anticipamos a esto, golpeando el balón más allá del defensor y acelerando a su alrededor.

La fracción de segundo que ganamos mientras el defensor se da cuenta de lo que ha pasado, nos dará la oportunidad de conseguir algo de espacio y tiempo (fraccionario).

En términos de trabajar en esto, de nuevo se trata de desarrollar un cambio de ritmo explosivo. Puede mejorar esto con la técnica - bajando su cuerpo al suelo, acortando sus pasos y bombeando con los brazos y las piernas. A su vez, puede desarrollar esta habilidad como parte de su programa de acondicionamiento físico continuo, así como en sesiones específicas de entrenamiento de fútbol.

Una pequeña nota - como adultos, por lo general usted es consciente de que los cambios repentinos en el ritmo ponen tensión en sus músculos y ligamentos. Esto es a menudo es de poco interés para los jugadores jóvenes, que sólo quieren seguir con su juego o ejercicios. Es importante que el entrenador se asegure de que los jugadores han estirado y calentado antes de trabajar en ejercicios que dependen de un cambio de ritmo.

Para concluir esta sección sobre trucos ofensivos que podemos emplear para mejorar nuestra efectividad, recordemos que el fútbol es diversión y entretenimiento. Ninguna de las dos cosas se muestra mejor que en las emocionantes habilidades de un jugador. También pueden formar una parte muy agradable del acondicionamiento físico general o de las actividades de calentamiento; idealmente con, pero incluso sin, un balón.

Los entrenadores pueden animar las sesiones de dominio de balón y correr gritando movimientos para intentar - 'Paso por encima', 'Suelta el hombro', 'Cambia el ritmo' y así sucesivamente.

El dominio de balón puede cambiar los juegos y crear oportunidades de gol. También entretiene a la multitud. Y nosotros, como jugadores y entrenadores. Esto por sí solo lo convierte en algo en lo que vale la pena invertir tiempo.

Top Tip To Take-Away 9 - Hay muchos trucos que los jugadores pueden utilizar para vencer a un oponente en una situación de uno contra uno. Practique una variedad de ellos, o los defensores conocerán sus maniobras favoritas.

Top Tip To Take-Away 10 - Los trucos no siempre funcionan; necesita desarrollar la resiliencia para seguir intentándolo incluso cuando sus intentos no están saliendo bien.

Consejo principal para llevar 11 - Debido a que este tipo de habilidad implica cambios de ritmos repentinos y explosivos, es importante calentar adecuadamente antes de trabajar en ellos en la práctica.

Un breve mensaje del Autor:

¿Está disfrutando el libro? ¡Me encantaría escuchar su pensamiento!

Muchos lectores no saben lo difícil que son las críticas y lo mucho que ayudan a un autor.

Estaría increíblemente agradecido si pudiera tomarse sólo 60 segundos para escribir una breve reseña sobre Amazon, ¡aunque sólo sean unas pocas frases!

Por favor, diríjase a la página del producto y deje una reseña como se muestra a continuación.

```
Customer Reviews
★★★★★ 2
5.0 out of 5 stars ▼
5 star  ████████  100%      Share your thoughts with other customers
4 star             0%
3 star             0%       [ Write a customer review ]  ⬅
2 star             0%
1 star             0%
See all verified purchase reviews ›
```

¡Gracias por tomarse el tiempo para compartir sus pensamientos!

Su revisión realmente hará una diferencia para mí y me ayudará a ganar exposición para mi trabajo.

Aprovechar al máximo el mediocampo

El fútbol hoy en día es un deporte muy fluido. Si vuelve a los años setenta, quizás incluso más recientemente, los papeles estaban mucho claramente definidos. O, aquellos que apoyan los cambios podrían argumentar, restrictivo. Empezando por atrás, el portero era un tapón de balas. Mientras pueda patear el balón dos tercios de la longitud de la cancha, su juego de pies no es importante. Como veremos en el próximo capítulo, ya no es así.

Los defensores defendieron, los atacantes atacaron y los centrocampistas fueron empleados defensiva u ofensivamente. La vida era sencilla entonces, no lo es hoy. En el juego moderno, los jugadores necesitan ser capaces de desempeñarse eficazmente en todas las áreas del campo. Por ejemplo, la tarea defensiva del delantero central ya no se limita a volver a las curvas. Ahora deben cerrar a los defensores (la infame "alta prensa"), trabajar de nuevo y concentrarse en mantener la forma del equipo fuera de la posesión del balón.

Cuando el balón largo era el rey, los delanteros solían fallar cuando la posesión cambiaba de manos, el balón golpeaba por encima de sus cabezas; ya no es así.

Lo que nos lleva claramente al papel de centrocampista. Ninguno de los atributos que vamos a describir y sobre los que ofreceremos consejos para mejorar son exclusivos de los jugadores que se encuentran en esta posición en el campo. Sin embargo, son más aplicables a ellos.

Haciendo del balón nuestro amigo

Estar cómodo con el balón es la marca de un jugador realmente talentoso. Lograr esto es una mezcla de destreza física y mental. Los jugadores necesitan las habilidades para mantener la posesión; la fuerza física para resistir los desafíos y la fuerza mental para hacer frente a la presión de esta zona abarrotada del terreno de juego.

Mantener la posesión - El primer toque

Cuando los cazatalentos miran a las posibles estrellas del futuro, la primera habilidad que buscarán es el primer toque del joven jugador. Esa capacidad de tomar el balón bajo control perfecto, protegerlo de los defensas depredadores y colocarlo de manera que todas las opciones (tiro, pase corto, pase largo, regate) estén disponibles.

Sí, puede trabajar en su primer toque, y de hecho debería hacerlo - a cualquier nivel que juegue-, pero también hay una habilidad innata en este aspecto concreto del juego. Cuando los cazatalentos antes mencionados ven a un jugador prometedor, y ese primer toque es bueno, sólo entonces buscarán los otros atributos -físicos, mentales y de habilidad- que ofrecen un potencial crucial.

En primer lugar, tiene que desarrollar la conciencia de la presión. Visión periférica. Dennis Bergkamp fue uno de los grandes jugadores. El maestro holandés (estos jugadores de Holanda parecen estar sobre representados cuando miramos a los grandes) tuvo el más exquisito de los primeros toques. Obsérvalo jugar -tristemente ahora sólo es posible en video, lo que no le hace justicia- y es evidente que mucho antes de que el balón le llegue, ha mirado a su alrededor y ha evaluado todas las posibilidades…y los riesgos.

Así sabe si debe moverse hacia el balón o esperar a que llegue; sabe si debe dejarlo rápidamente o si tiene tiempo para controlar el balón y conducir hacia delante; sabe dónde está el espacio y hacia dónde se dirigen sus compañeros de equipo. Tener un buen primer contacto no es una habilidad fácil, pero saber cómo se está desarrollando el juego a nuestro alrededor lo hace aún más factible.

Podemos ayudar a construir esa visión periférica de dos maneras. En primer lugar, el ejercicio. Incluso caminar por la calle concentrados en lo que sucede a nuestro alrededor nos ayudará a desarrollar nuestra conciencia. Quítense los Beats y observen el mundo. Pronto verá que sus habilidades de observación mejoran, y eso mejorará su conciencia sobre el terreno de juego; conseguir esta amplia imagen se convertirá en algo natural para usted". En segundo lugar, puede concentrarse en maximizar su visión periférica. Hay un ejercicio divertido que, si se practica con regularidad, mejorará su visión periférica.

Tome una taza y un palillo de dientes. Siéntese en casa y concéntrese en un objeto - algo así como una fotografía o un adorno es lo ideal. Ahora, manteniendo el foco en el objeto, coloque la taza en el extremo final de su visión. A continuación, mientras usted sigue enfocando el objeto en cuestión, trate de colocar el mondadientes en la taza. Jugar a este pequeño juego regularmente verá mejorar su visión periférica.

El mismo efecto se obtiene comprando un tablero de luz del tipo utilizado por los ópticos, pero los cientos de dólares que cuesta podrían invertirse mejor en algo que se pueda utilizar más ampliamente cuando un palillo de dientes, una taza y un poco de paciencia dan los mismos resultados.

Una pequeña nota aquí - a medida que usted envejece, su visión periférica se reduce. Mantenerlo no sólo lo ayuda como jugador de fútbol, sino también en su vida cotidiana.

Ahora su visión periférica está al máximo, y está acostumbrado a examinar el campo que lo rodea, pasamos a las habilidades físicas para lograr el primer contacto perfecto.

Cuando el balón está en el suelo, tomar posesión con el hombro hacia el balón y en el medio giro aumenta la velocidad con la que puede hacer el siguiente movimiento. Pero lo más importante es asegurar que el control sea bueno.

Puede controlar el balón con los pies, el muslo, el pecho o la cabeza. Cualquiera que sea, trate de amortiguar el balón dando un poco cuando llega. Luego debe colocarlo en el suelo un poco más lejos de sus pies. Levante la cabeza y, cuando es posible, pase por encima de la pelota. Sus brazos están listos para la protección y el equilibrio.

Muchas sesiones de entrenamiento le brindarán tiempo para mejorar el primer contacto, especialmente cuando se trabaja con jugadores más jóvenes. Pero puede entrenar fácilmente en su patio trasero. Una pared es un compañero de equipo perfecto. Recibe nuestro pase y nos devuelve uno. Diez minutos al día trabajando en el primer toque utilizando una pared y la mejora en su juego será inconmensurable. Oh, y no descuide ese miembro más débil. ¡No apreciará que lo dejen fuera, y podría buscar venganza cuando más la necesiten!

Desarrollo de la fuerza física

Equilibrio y fuerza. Estos son elementos cruciales que todo centrocampista exitoso necesita. Puede desarrollarlo con y sin balón. Ejercicios de agilidad, pesas, carreras de manejo de balón con conos y maniquíes. Su fuerza en la parte superior del cuerpo es particularmente importante cuando busca desarrollar el poder para mantener la presión de sus oponentes.

Un ejercicio tan bueno como cualquier otro para desarrollar la fuerza de la parte superior del cuerpo es la humilde presión hacia arriba. Sin embargo, esto sólo es un ejercicio útil si su técnica es buena.

- Mantenga los pies juntos;
- Las piernas, el glúteo y la espalda deben estar rectas y permanecer en línea en los ejercicios;
- Apriete las nalgas;
- Las manos deben estar directamente debajo de los hombros.
- La cabeza debe mantenerse en una posición cómoda y el cuello relajado.

Cómo sobrellevar la presión mental en el mediocampo

Hoy en día, con los defensas rugiendo para apoyar los ataques, el centrocampista, que se encuentra en el fondo de la cancha, a menudo tiene poca protección detrás de ellos. Tal vez un mediocampista está posicionado para cubrir en caso de que se pierda la posesión; tal vez una de las defensas es lateral para nosotros; lo más probable es que todos los demás hayan seguido adelante.

Por muy bueno que sea, a veces hace un mal pase, o se comunica mal con un compañero de equipo. La posesión se perderá y se arriesgará a recibir un gol si sus rivales pueden pasar a atacar rápidamente.

Si les pasa a los grandes mediocampistas del mundo -Iniesta, Modric, Ozil- le pasará a usted. Pero lo que debe decirse es que, por cada error, hará un buen pase, creará una oportunidad de oro o ayudará con un gol con más frecuencia. El beneficio neto para el equipo supera el error ocasional.

Es la naturaleza humana morar en los errores, cargar con la culpa por nuestras fallas. Pero los jugadores fuertes no caen en esta trampa. Ciertamente, revisan su juego, tratan de aprender de sus errores e intentan no volver a cometer el mismo pecado. Pero eso no les impide buscar el pase creativo.

Hay muchos ejercicios de fuerza mental que los jugadores pueden usar para ayudarlo a desarrollar este aspecto tanto de su juego... como de su personalidad. Los veremos más adelante. Sin embargo, vale la pena reiterar aquí que el fútbol es un juego de equipo. Como dice la verdad - un equipo gana juntos, anota juntos, concede juntos y pierde juntos. Cuando un jugador comete un error, el apoyo de sus compañeros es crucial para que puedan avanzar.

Uno de los mejores mediocampistas de los últimos tiempos fue el líder del Liverpool y de Inglaterra, Steven Gerrard. El Liverpool era el club dominante no sólo en Inglaterra, sino también en Europa. Y eso significaba que eran el equipo más fuerte del mundo. Pero los tiempos cambian y, cuando volvieron a ganar el título en 1990, sus seguidores no podían imaginar que, más de un cuarto de siglo después, seguirían buscando su próximo campeonato de liga.

Luego, hace un par de temporadas, tuvieron un gran equipo con una línea de ataque súper fuerte. La batalla por el título de liga estuvo muy reñida, pero parecía que era suya. Luego, al final de un partido contra su rival, el Chelsea, Gerrard recibió un pase directo en una posición defensiva en el mediocampo. Esperando la entrega habitual de un pase brillante, la defensa se adelantó. Pero inexplicablemente el primer contacto de Gerrard lo abandonó. La pelota había estado en el suelo, perfectamente cargada. Luego, para añadir a sus penas, se resbaló. El delantero del Chelsea más cercano agarró el balón, se escapó, anotó y perdió el título.

Gerrard tenía el corazón roto, pero la culpa de perder el título no fue suya. Otros puntos se habían perdido en el transcurso de la temporada, y las ocasiones se perdieron en el propio partido. Sus compañeros de equipo y su afición lo rodearon: su legendaria posición no se vio mermada y se movió hacia adelante.

Hay una lección para cada jugador de fútbol. Las pequeñas cosas importan. El primer toque es la base de todo buen jugador, incluso en la cima. La desintegración mental y física y la pérdida del primer contacto pueden tener un impacto en cualquier persona en cualquier nivel. Además, los errores con el primer toque tienden a ocurrir más tarde en el juego. Es más difícil concentrarse cuando el cuerpo está cansado al final del juego.

Top Tip To Take-Away 12 - Incluso los mejores jugadores necesitan practicar su primer toque regularmente.

Consejo superior para llevar 13 - Puede desarrollar visión periférica simplemente caminando por la calle.

Top Tip To Take-Away 14 - Los mejores pases van a los pies. Pero debemos trabajar en nuestro primer contacto con el muslo, el pecho y la cabeza también. En cada caso, los fundamentos son los mismos

- Compruebe la cantidad de presión a la que estará sometidos al recibir el balón;
- Decida si su primer toque será para controlar el balón, hacer un pase por primera vez o despejar el balón;
- Coloque su cuerpo en posición;
- Si quiere controlar el balón (normalmente la mejor y más segura opción si tiene tiempo para hacerlo) su primer toque "da" un poco, para amortiguar el balón;
- Coloque la cabeza en línea con el balón y use los brazos extendidos para mantener el equilibrio;
- Si es posible, su primer toque se realiza en el medio giro, para que pueda mover la pelota hacia delante rápidamente;

- El objetivo es dejar caer el balón a los pies listos para pasar o conducirlo con el segundo toque.

Top Tip To Take-Away 15 - La fuerza física, especialmente en la parte superior del cuerpo, lo ayudará con su primer toque, ya que lo hace mejor en la contención de los defensas. No necesita ejercicios complejos para mejorar la fuerza de la parte superior del cuerpo. El empuje humilde hacia arriba - o incluso los ejercicios isométricos tradicionales como empujar directamente contra un objeto estático - lo ayudará a desarrollar este atributo.

Consejo principal para llevar 16 - Su primer toque a veces lo abandonará. Los mejores jugadores no se detienen en esto, sino que analizan las razones por las que se cometió su error y abordan los fallos que lo llevaron a cometerlo. De hecho, este consejo es uno que se aplica a casi todos los errores en el fútbol - ¡no lo expresaremos cada vez!

Conciencia Táctica - Manteniendo la Forma y Haciendo Correr

El centrocampista es frecuentemente tanto un defensor auxiliar como un delantero. Como tal, las habilidades de estas dos áreas del campo deben formar parte de su arsenal.

Ciertamente tan importante como las habilidades individuales del jugador es la capacidad de mantener la forma y la disciplina. Los entrenadores trabajarán en la forma dentro y fuera de la posesión. Hoy en día, a nivel profesional, los jugadores tienen la aptitud física y la fuerza mental para mantener su forma incluso bajo presión. Por eso, la fase de transición, en la que se pierde la posesión, se ha vuelto tan importante en el juego moderno.

Lo que ocurre a nivel profesional llega hasta el fútbol amateur, por lo que tiene tanta importancia para los equipos que juegan un partido dominical por la mañana en el parque como para los finalistas de la Liga de Campeones.

La clásica línea defensiva de dos líneas de cuatro con dos delanteros presionando el balón es muy difícil de romper. Sin embargo, durante la transición es a menudo el centrocampista quien tiene que tomar las decisiones más importantes. Serán los jugadores con más probabilidades de salir de su posición de "tercer mediocampista", y también los mejores situados para sustituir a un defensor que ha empujado hacia delante o (en el caso de la transición al ataque) el que se romperá para unirse a sus delanteros.

Quizás el máximo exponente del dominio del mediocampo en los últimos años sea el jugador español Xavi. Sus catorce años con el Barcelona y 133 partidos con España coincidieron con los mejores años de estos dos equipos. Eso no es casualidad. Xavi fue un jugador fenomenalmente hábil, con un excelente primer toque. Pero su conciencia táctica no tenía parangón. No sólo se esperaba de él una tasa de éxito de más del 90%, sino que muchos de esos pases fueron decisivos. Sin embargo, también era consciente de sus deberes defensivos.

YouTube está repleto de clips de sus mejores actuaciones. Su papel en la victoria por 6-2 sobre el Real Madrid en los primeros días del reinado de Pep Guardiola es uno de los mejores.

Top Tip To Take-Away 17 - Un gran conocimiento del juego, especialmente la lectura de lo que sucederá a continuación, es la clave para hacer de un buen centrocampista. Tal jugador debe saber instintivamente qué hacer, y ese instinto se desarrolla a través de la observación de los mejores exponentes del juego.

Convertirse en el sueño de un jugador defensivo

Ya no es un jugador aparte - El Portero

De vuelta en el Capítulo Uno, echamos un breve vistazo a la importancia de las consecuencias no deseadas. Podemos ver uno de ellos en el fútbol como resultado de un cambio en la ley que ocurrió en 1992. La Copa Mundial de 1990 había sido algo decepcionante (seguramente la peor final de todos los tiempos, en la que Alemania se impuso a Argentina con el único gol del partido). En la fase de eliminatorias se produjo un mínimo de 33 goles marcados en dieciséis partidos. Cuando se considera que diez de ellos fueron anotados en dos partidos: Inglaterra contra Camerún y Checoslovaquia contra Costa Rica, la opinión de que el Mundial de 1990 fue una fiesta aburrida es difícil de cuestionar.

Sin embargo, las razones de esta vajilla eran muchas facetas - las defensas eran más eficientes que las ofensas; la mentalidad de muchos equipos no era la de perder más que la de ganar. Pero, en concreto, se perdió una gran cantidad de tiempo al devolver el balón al guardameta, que lo retenía durante largos periodos de tiempo, lo desenrollaba y lo recuperaba de nuevo. Todo el proceso de aburrimiento se repetiría.

El gol en los primeros diez minutos y el partido, al parecer, a menudo había terminado. Como reacción a esto, la FIFA introdujo la regla de los pases traseros, que prohibía al guardameta manipular cualquier pase jugado deliberadamente.

Inicialmente, los porteros hacían cascos con los pases traseros que ahora recibían en el campo y se producía una batalla aérea. Pero ahora, un cuarto de siglo después, el papel del portero ha evolucionado. Gracias en gran parte al juego basado en la posesión de la increíblemente exitosa selección española, y al club Barcelona, los entrenadores han empezado a darse cuenta del valor de construir desde atrás y mantener la posesión.

Para conseguirlo, el portero desempeña un papel muy importante. Ya no está allí sólo para coger un centro o golpear un balón largo hasta el centro hacia adelante, sino que con frecuencia es el hombre de repuesto. De hecho, la jugadora necesita ser lo suficientemente buena de pie como para sacar a una delantera de su posición, creando espacio para que el balón se juegue.

El contragolpe al fútbol está de moda, y una vez más el portero es la clave para ello. Él o ella busca jugar un pase largo, plano y preciso para iniciar un ataque una vez que se recupera la posesión. También deben hacer esto rápidamente, antes de que sus oponentes se reorganicen.

El guardián de la barredora

Por supuesto, no todos podemos ser una mezcla de Ronaldo y Gordon Banks. Muchos guardametas empezaron en la posición cuando eran niños por tres razones. Los dos primeros pueden ser tomados como un cumplido, en cierto modo. Lo más probable es que posean una combinación de atributos -un poco de altura y un buen atletismo- que animaban a sus entrenadores a colocarlos entre los palos, por así decirlo. Lamentablemente, el tercer atributo no siempre fue tan positivo como los otros dos. Los porteros a menudo terminaban en la portería porque no eran tan hábiles sobre el terreno de juego.

Pero, nunca es demasiado tarde para empezar a aprender. Ser bueno con los pies es algo que todos podemos desarrollar. Hay un par de cambios simples y claves que podemos hacer en nuestros procesos de formación que nos ayudarán en este campo.

En primer lugar, cuando se trata de la formación, haga el trabajo principalmente con el resto del equipo. Tradicionalmente, los guardametas se han entrenado por su cuenta o han sido utilizados para ayudar a los delanteros a desarrollar sus propias habilidades de acabado. Los porteros que insistan en que su trabajo de entrenamiento incluya todo lo que hacen sus compañeros de campo, verán cómo se desarrollan sus propias habilidades futbolísticas.

Y habrá un bono por trabajar de esta manera. La comunicación con otros jugadores mejorará porque se pasará más tiempo con ellos. Los porteros también conocerán, incluso mejor de lo que ya conocen, los puntos fuertes y débiles de sus defensas. Entrenar con todo el equipo también es, afrontémoslo, más divertido que trabajar con otro portero o con un solo entrenador.

Los porteros deberían exigirles que participen en los cinco partidos paralelos que suelen tener lugar en una sesión de entrenamiento, como jugadores de campo, y no sólo en la portería. Deberían participar en los ejercicios de rondó (con más números en un lado y menos oponentes), de nuevo de forma creativa, no sólo como oposición. El equipo se beneficiará a largo plazo.

Esto significa que el trabajo específico que un guardameta necesita, como, por ejemplo, trabajar en su manejo, en la toma de cruces y en la parada de tiros, debe ser completado como extra. Sin embargo, ese es un precio que vale la pena pagar si mejora sus habilidades de juego.

De este modo se llega al segundo trabajo específico que un portero puede llevar a cabo para mejorar su control y su pase. Simplemente, trabaje en ellos todo el tiempo. Además de las cincuenta altas capturas que los guardametas realizan diariamente al lanzar el balón fuerte y alto contra la pared trasera, se añaden cincuenta pases de pared, veinticinco con cada pie. Trabaje en el primer toque, así como en el primer pase.

Hoy en día, no hay ninguna razón para que el guardameta sea simplemente una presencia en la portería, los mejores añaden algo más que una integrante en el campo a los aspectos creativos de su equipo.

La estrella de Schmeichel

El guardameta danés Peter Schmeichel fue considerado el mejor jugador del mundo en su posición a principios de la década de los noventa, y ganó el premio a mejor guardameta del mundo de la IFFHS (Federación Internacional de Historia y Estadística del Fútbol) dos veces seguidas (1992 y 1993) y dos veces más el de subcampeón. Dado que el título ha sido ganado durante todos los años de su existencia, menos cuatro, por un guardameta de una de las principales potencias mundiales del fútbol internacional (por lo general, España, Alemania o Italia), su logro es aún más notable.

De hecho, Schmeichel fue una de las principales razones por las que el Manchester United se convirtió en el equipo más poderoso en los primeros años de la Premier League inglesa. Fue un guardameta excepcional en todos los aspectos, aunque su tiempo fue anterior a la tendencia actual de los porteros a ser excelentes pasadores del balón.

Sin embargo, desarrolló una técnica particularmente efectiva que aumentó sustancialmente su tasa de éxito en situaciones de una contra una en comparación con otros guardametas. Podríamos llamarlo una "estrella", porque parecía como si le hubieran crecido miembros extra en esta situación.

La técnica de Schmeichel consistía en acercarse al delantero avanzando por la portería de la forma habitual, estrechando los ángulos en los que el atacante podía disparar. Luego utilizó una técnica que maximizaba el área de su cuerpo. La mayoría de los guardametas tratarán de "mantenerse grandes" en estas situaciones al no ir al suelo demasiado pronto, lo cual es una buena técnica. Sin embargo, Schmeichel desarrolló la habilidad de separar sus brazos y piernas lo más posible cuando el delantero estaba a punto de disparar. Por lo tanto, no buscó salvar el balón, sino hacer un blanco tan grande que, en la mayoría de los casos, el balón le golpeó o, debido a que sus ángulos eran buenos, voló de par en par.

Fue un método excelente, un método que tuvo mucho éxito en la reducción de la cantidad de goles simples que su equipo recibió en situaciones de un contra uno. Por supuesto, a medida que aumentaba su éxito, ponía más énfasis en los atacantes, que sabían que su esfuerzo se enfrentaría a un alto porcentaje de posibilidades de ser salvados. Ese juego psicológico en la mente cambió el equilibrio de poder. Ahora eran los huelguistas los que estaban en duda, y por lo tanto se sentían presionados y apresurados. Por lo tanto, su probabilidad de no puntuar aumentó aún más.

Trabajar con esta técnica en la práctica es fácil de hacer. Consiga que los delanteros vengan de diferentes ángulos, incluso de frente. Practique en el momento adecuado, forzando al delantero a disparar quizás antes o desde una posición menos ventajosa de la que le gustaría, y trabaje para hacer que el cuerpo sea lo más grande posible. Los porteros deben seguir siendo los extraños cuando se trata de quién gana el duelo, pero a medida que esta técnica mejora, el equilibrio de poder cambia. Pronto, es el delantero el que falla a menudo en un partido de una contra uno, no el portero.

18 - Como portero, mantenga la mente abierta a las técnicas de entrenamiento y trabaja duro en el control del pie y el pase....

19 - ...sin olvidar que el trabajo principal de un guardameta es prevenir un gol.

El Sr. Confiabilidad, la Sra. Confiable, el Maestro Atento o la Srta. Nunca Mercurial.

Un extremo puede ser impredecible; mientras que la palabra suele verse como una crítica menor -la fiabilidad se considera un rasgo ganador en cualquier aspecto de la sociedad en la que vivimos-, esto no es así para los verdaderos creativos. Esto es algo cierto más allá de la hierba verde del campo de fútbol. Los escritores, especialmente los poetas o dramaturgos, se benefician de la extraña frambuesa, que les da su mejor perspectiva de trabajo. Lo mismo sucede con los actores o pintores. Y corredores o grandes bateadores en el parque de béisbol. Además, por supuesto, los jugadores de fútbol más volubles: los alerones.

Pero un portero nunca debe ser voluble. Podría ser una posición en la que lo excepcional es bienvenido, pero la coherencia se considera esencial. El problema, por supuesto, es obvio. Cuando el mediocampista central pierde un pase, tiene cuatro defensas y un guardameta detrás de él; cuando el guardameta malinterpreta el disparo, las consecuencias son devastadoras. Por lo general, se concede un gol.

Un portero debe ser meticuloso. La preparación y la organización son claves para su desempeño. Una naturaleza perfeccionista puede ser frustrante en el trabajo y peligrosa en una relación, pero es un activo útil para la persona que está entre los palos.

La broma de mal gusto de abajo ilustra el punto de que un buen portero es una criatura de hábito:

Un hombre camina por la calle cuando oye gritos. Levanta la vista y ve a una señora que cuelga de un balcón, logrando agarrar los dedos de un pequeño bebé. Pero el niño está resbalando, y es sólo cuestión de segundos antes de que se caiga para golpear el pavimento duro cuarenta pies más abajo.

Una multitud se ha reunido, y miran nerviosamente hacia arriba. El hombre despeja un espacio debajo del bebé. Está bien, señora -grita-. Deja que el bebé caiga y yo lo ataparé. Soy un portero profesional y nunca dejo caer un centro. El bebé estará a salvo".

Sin ninguna otra opción, la mujer la deja ir. El bebé cae y la multitud aguanta la respiración. Pero el portero es tan bueno como sus palabras. Él toma al bebé en una toma perfecta con dos manos y lo lleva a su cuerpo. La multitud ruge, pero los ánimos se les secan en la boca cuando el hombre rebota al bebé tres veces y lo regatea hasta el final del camino.

Nuestro punto aquí es que el guardameta debe ser la persona más consistente sobre el terreno de juego. Esa consistencia viene de hacer las mismas cosas repetidamente. Es una posición en la que los hábitos son esenciales Un guardameta también debe ser el jugador más organizado del parque. Que es hacia donde nos dirigimos ahora.

Consejo principal para llevar 20 - La repetición es un aspecto vital del entrenamiento de un guardameta.

El Organizador

Los porteros son líderes. A menudo son los capitanes de un equipo. Una parte de la razón de ello es que los guardametas llegan a su apogeo un poco más tarde que los jugadores de campo, quizás a principios de los treinta años, en lugar de a mediados o finales de los veinte. Por lo tanto, a menudo son los jugadores más maduros del equipo.

Pero también deben ser los más organizados, y un papel clave es que comuniquen esas habilidades organizativas al resto del equipo. Un portero que no puede comunicarse ve reducido el impacto de su talento.

Tomemos un ejemplo pertinente. Se estima que la clasificación para la Liga de Campeones tiene un valor de entre 50 y 60 millones de dólares. Más si se logran progresos significativos más allá de la fase de grupos. Durante las temporadas 2018 y 2019 tuvo lugar una de las batallas más emocionantes de la historia de la Premier League. Con dos de los cuatro equipos garantizados un puesto muy por delante, cuatro equipos más lucharon por los dos puestos restantes.

A falta de tres partidos para el final, sólo dos puntos separaban a los cuatro equipos. Luego vino el fin de semana de Pascua de 2019. Sólo el Chelsea de los cuatro equipos logró sumar un punto durante esas vacaciones; el Manchester United, el Spurs y el Arsenal conspiraron para perder. El Arsenal fue el que más cerca estuvo de conseguir un punto vital, y su partido se perdió debido a una catastrófica falta de comunicación entre el guardameta Bernd Leno y el centro ganador de la Copa del Mundo, Shkodran Mustafi.

Por supuesto, el fútbol es ahora un deporte multinacional, con todos los mejores equipos de las principales ligas compuestos por cinco, seis o siete nacionalidades. El equipo del Arsenal que jugó el partido en cuestión, que fue contra Crystal Palace (un equipo al que esperaban vencer), estaba formado por tres franceses, tres alemanes, un gabonés, un griego, un egipcio, un bosnio y un inglés. Desafortunadamente, los problemas de idioma no pudieron ser utilizados como excusa para la interrupción de la comunicación que le costó al Arsenal por lo menos un punto, y probablemente los tres (estaban a la altura de las metas, y muy por encima en otros aspectos cuando ocurrió el incidente). Ocurrió entre dos de los jugadores alemanes.

Esto es lo que llevó a sesenta mil hinchas del Arsenal a un estado de furia incontrolable, y a dos mil hinchas del Crystal Palace a una euforia inesperada.

Se jugó un balón largo hacia adelante. Mustafi, de cara a su propio gol en propia meta, lo hizo retroceder desde unos treinta y cinco metros de la portería. La pelota seguía viajando con bastante rapidez. El defensa estaba protegiendo el balón del talentoso pero inconsistente marfileño y estrella del equipo del Palace. Wilfried Zaha, un jugador sobre el que podría haberse acuñado el término "mercurial".

Leno, en una buena posición de salida, hizo un movimiento hacia la pelota, como si estuviera listo para salir y recogerla. Luego se detuvo. Al igual que Mustafi, que extendió los brazos para proteger el balón de la merodeadora Zaha. Desafortunadamente, ninguno de los dos jugadores del Arsenal dijo una palabra. Leno decidió que no podía alcanzar el balón antes de que el marfileño se precipitara. Mustafi decidió que dejaría que Leno lo recogiera, y el delantero Zaha, que estaba a punto de dar un buen paso, desvió el balón por debajo del guardameta alemán y lo metió en la red.

Fue un error catastrófico. En realidad, ambos jugadores tuvieron la culpa. Doblemente así. En primer lugar, y de manera relevante para nuestro punto en esta sección, ambos jugadores deberían haberse comunicado: Leno tuvo tiempo de recoger el balón y Mustafi de despejarlo. Fue el guardameta quien tuvo la mejor visión de lo que estaba ocurriendo ante él, ya que Mustafi le dio la espalda a Zaha, aunque tan inesperada fue la entrada, dado el dominio del Arsenal, que el defensa dispuso de más tiempo del que debería haber necesitado para hacer frente a la situación.

En segundo lugar, ambos cometieron un pecado capital por su posición. En caso de duda, patearlo podría sonar violento como una forma de jugar al fútbol, pero es mejor que encajar un gol ridículo.

Así que si dos futbolistas internacionales que representan a uno de los equipos más fuertes de Europa, así como a una de las naciones más fuertes del mundo del fútbol, pueden cometer un error tonto como no comunicarse, entonces el aficionado del domingo por la mañana también puede hacerlo.

No hay un gran truco para comunicarse. El mejor consejo para el portero es que hable todo el tiempo. Efectivamente, comentar el partido, instruyendo constantemente a los defensas. Esto sirve para tres propósitos. En primer lugar, ayuda a la defensa: la portera tiene la mejor visión de una situación que se desarrolla en todo el campo, ya que todo tiene lugar delante de ella. En segundo lugar, ayuda a mantener la concentración. Sin duda una parte del problema en el estadio Emirates del Arsenal en el partido descrito anteriormente podría haber sido que el Arsenal era tan dominante en términos de posesión y territorio que Leno se había desviado ligeramente. Los comentarios e instrucciones constantes ayudan a mantener la concentración. En tercer lugar, hablar constantemente garantiza que el guardameta continúe comunicándose cuando más lo necesita, cuando su portería está amenazada.

Hacer que el delantero pague la multa

Aquí hay una pequeña farsa. ¿Qué jugador tiene el récord poco envidiable de faltar la mayoría de los penales en la historia de la Liga, la primera división española?

La respuesta es, sorprendentemente, el pequeño maestro y ganador múltiple del título de "mejor jugador del mundo", Lionel Messi. El penalti, al parecer, no es una garantía directa de conseguir un gol. Algunos analistas piensan que el problema de Messi tiene que ver con la consistencia o la falta de ella. No siempre es el primer jugador elegido por el Barcelona; no tiene una ventaja constante; a veces parece que no está seguro de si va a golpear el balón a su lado favorito o si va a esperar a que el portero se comprometa.

Podemos tomar este ejemplo y utilizarlo para demostrar que los guardametas tienen más posibilidades de detener un penalti (o de forzar un fallo) si ponen en duda la mente de un delantero. La mejor manera de hacerlo es, por supuesto, parar unos cuantos penales. Sin embargo, moverse a través de la línea de meta puede desestabilizar a un delantero; extender los brazos y las piernas para hacer que el guardameta parezca lo más grande posible; saltar sobre el terreno de juego puede distraer a un delantero de forma legal.

Los guardametas de los niveles más altos del juego tienen acceso a cantidades asombrosas de datos sobre los lugares favoritos que les gusta encontrar a los oponentes de los lanzadores de penaltis; su tasa de éxito, su carrera, etcétera. Es poco probable que lo consigamos en el fútbol aficionado, pero, aun así, hay otras cosas que un portero puede hacer para mejorar su juego en los penales.

Los ojos lo tienen - Preste atención a una mirada exagerada en los ojos de un delantero; especialmente con jugadores más jóvenes. Esto puede ser una señal de que tratarán de tirar la pelota hacia el otro lado. La sutileza no suele ser una gran ventaja para los jóvenes, y los entrenadores pueden ofrecer este consejo a sus porteros.

Poner el pie en el acelerador - Los ejecutores de los penales están probablemente más nerviosos que los guardametas cuando se concede un tiro desde el punto penal. Al fin y al cabo, se espera que pongan el penalti, mientras que una parada de un guardameta es una ventaja inesperada. Los porteros pueden mirar con atención cuando el delantero coloca el balón. Vigila su pie que no patea. A menudo esto apunta en la dirección en la que se debe golpear la pelota. Se trata de un movimiento subconsciente por parte del delantero y, por lo tanto, con frecuencia es extremadamente revelador.

Ponga el pie en el suelo - En un tema similar, un delantero buscará un golpe limpio al lanzar un penalti. Esto significa que su pie que no patea será plantado de manera que permita un golpe directo desde el pie que patea. Por lo tanto, el pie parado a menudo apuntará ligeramente en la dirección en la que se golpeará la pelota. El guardameta ganará una fracción de segundo de ventaja si puede moverse pronto, y más aún si se lanza en la dirección correcta. Claramente, un penalti bien golpeado en un saque de esquina seguirá marcando, pero este ejercicio se trata de aumentar las probabilidades de hacer una parada o de forzar un fallo.

El Efecto Elvis - No hubo mejor balanceo de las caderas que el de Elvis. Sin embargo, probablemente habría sido un tirador de penales en el fútbol. Su golpe exagerado le daría una pista clara al portero sobre dónde estaba a punto de terminar el balón. Las caderas de los delanteros tienden a girar en la dirección en que la pelota se desplaza justo antes de hacer contacto. Otra pista útil para completar la lista de los guardametas de los tiros desde el punto penal.

Tartamudeo hacia el gol - Uno de los mejores aquí para el juego amateur. Nos gusta imitar a nuestros homólogos profesionales, sobre todo a los jugadores jóvenes. Una tendencia en el juego de lanzamiento de penaltis en este momento es que la carrera que se avecina sea tartamudeante; el objetivo es hacer que el portero se equivoque de pie o que se sumerja temprano. Sin embargo, tal enfoque significa que es poco probable que el tomador genere tanta energía como con una carrera apropiada. A nivel profesional, los jugadores son lo suficientemente hábiles como para golpear la pelota con extrema precisión, por lo que, si el guardameta adivina bien, es probable que la pelota les pase. Pero a nivel de aficionados, o de jóvenes, esa precisión es menos consistente. Adivina bien contra una carrera tartamudeante y el guardameta tiene muchas más posibilidades de salvar el penalti, ya que será golpeado con más suavidad. Así que, porteros, comprométanse lo más tarde posible si su lanzador tiene una carrera tartamudeante; las probabilidades se cambiarán firmemente a su favor.

Doblar las leyes: Es una gran vergüenza que ciertos elementos de las leyes del juego puedan también ser echados en los eones de la cinta para los travesaños y los shorts largos. Así como la ley de usurpación rara vez se aplica, la ley de abandono de la línea es más notable por su ausencia que por su uso. Es como si los árbitros trataran de corregir la ventaja que tiene un delantero al lanzar un penal, dejando que los guardametas se salgan con la suya. Si lo hace con demasiada sutileza, es probable que incluso los árbitros más miopes nos empujen hacia arriba, pero en general un guardameta puede ganar una ventaja significativa moviéndose hacia delante justo antes de que el delantero golpee el balón, y luego lateralmente después de que se golpee el balón.

Estudiar para tener éxito - Claramente, saber dónde es probable que nuestro oponente golpee la pelota nos da una gran ventaja. Pero como hemos visto, el tipo de desglose estadístico que nos dice, por ejemplo, que Harry Kane golpea el sesenta y más por ciento de sus penalizaciones a la derecha del portero se limita al fútbol profesional. Sin embargo, observar los penales siempre que los guardametas puedan les ayudará a aprender la ciencia del lanzador. Utiliza la televisión, la formación, los vídeos, etc. para examinar el lenguaje corporal de los huelguistas, y empezaremos a ver cómo emergen los patrones.

Está todo en las matemáticas - Sin embargo, nunca debemos olvidar la importancia de las estadísticas. Si imaginamos que el objetivo está dividido en tres -el lado izquierdo, el derecho y el centro- no hace falta mucho trabajo para darse cuenta de que el área en la que es más probable que hagamos una parada está por la mitad. Y los delanteros golpean el balón allí con mucha más frecuencia de la que, al principio, podría parecer. Eso puede ser porque la presión de la ocasión les ha llegado, y para evitar golpear el balón, lo compensan en exceso y lo colocan directamente en el centro de la portería. Puede ser porque piensan que el portero está obligado a zambullirse, y así golpeará la pelota en las áreas centrales vacías. Sin embargo, algunos estudios sugieren que los guardametas que se ponen de pie tienen más del doble de probabilidades de detener un penalti que los que se lanzan al agua.

Esas cifras no nos convencen al cien por cien, pero sin duda, si un portero no ve otra pista de dónde acabará el balón, permanecer erguido será un último recurso más que satisfactorio".

Top Tip To Take-Away 21 - El estudio del delantero aumenta las posibilidades de detener un penalti. Esto incluye el tiempo desde que coloca la pelota hasta el momento en que entra y finalmente patea la pelota.

Jugar por tiempo - Conozca las reglas

A menudo se afirma que hay un abismo entre los administradores del juego de fútbol y los aficionados. A cualquier aficionado que haya pagado un buen dinero para ir a un partido, y luego se haya sentado en el interminable tiempo perdido por un equipo, esa parece ser una observación muy justa. Luego, al final de los 90 minutos, los aficionados ven que el árbitro ha añadido sólo cinco minutos de tiempo adicional, cuando el balón ha estado fuera de juego durante al menos un tercio del tiempo de juego. Es suficiente para volver locos a los aficionados al fútbol.

Conocemos el escenario. El equipo más débil anota temprano, y luego pasa el resto del juego tratando de frenar el juego para minimizar la posibilidad de perder su ventaja. Por ejemplo, un simple disparo entra, el guardameta atrapa el balón y cae sobre él de forma totalmente innecesaria. Permanece postrado durante quince segundos, levanta la cabeza y mira a su alrededor durante otros cinco segundos, se pone de pie lentamente y camina a paso de caracol hasta el borde del palco. Finalmente, lanza la pelota hacia abajo a sus pies y la lanza hacia arriba. Ha pasado por lo menos medio minuto desde que llegó el disparo inicial.

La multitud abuchea y grita, y el árbitro continúa, ajeno a la frustración de los aficionados. Eventualmente, cuando se repite una vez con demasiada frecuencia en un saque de meta, puede producir una tarjeta amarilla para el guardameta. Pero sólo después de varios minutos de juego potencial se han perdido.

Por supuesto, sin embargo, las reglas del juego sí prevén este tipo de pérdida de tiempo, al menos en parte. El guardameta tiene sólo seis segundos desde que usa sus manos para controlar el balón hasta que lo suelta de esas manos. Sospechamos que, al igual que nosotros, la mayoría de los aficionados al fútbol nunca han visto promulgada esta ley. Sin embargo, podría serlo. La sanción por demorar más de seis segundos es un tiro libre indirecto desde el lugar donde se cometió la infracción. Dado que esto tiene que ser dentro del área penal, es un tiro libre potencialmente catastrófico para conceder.

A la mayoría de los aficionados les gustaría que esa regla se promulgara mucho más a menudo. A nivel profesional, esa puede ser una esperanza perdida. Sin embargo, a nivel de aficionados, es muy posible que se haga cumplir. Se aconseja al árbitro que dé una advertencia antes de implementar la sanción, pero no tiene que hacerlo. ¡Guardias, cuidado!

El tapón muere, nace el creador de juego

Aquellos de nosotros que pertenecemos a una cierta edad y que hemos jugado al fútbol toda nuestra vida, recordaremos cómo solía ser, especialmente si practicamos este deporte en la escuela. El entrenador nos echaría un vistazo y nos clasificaría en consecuencia.

Umm, eres rápido, al frente; un poco pequeño, con la espalda llena; parece que lo pateas millas, con la mitad central. Y el que quedaba terminó en la portería. Sabemos un poco más estos días. Mientras que no encontramos a menudo una mitad central de cien libras, ni es esencial pesar el doble de eso y pararse a seis pies y cuatro para mantener la posición.

En cambio, otras habilidades son importantes. La capacidad de organizar y comunicar, de leer el juego y, en el centro de esta sección, de crear ataques intencionados, en lugar de hacer que la pelota tenga la mitad de la longitud del campo y confiar en que se rompa a nuestro propio lado.

Sin embargo, la forma en que un lateral central utiliza sus habilidades futbolísticas es diferente a la de un delantero o un centrocampista ofensivo. Aunque un buen pase, la habilidad de lanzar el balón fuera de la defensa y un excelente primer toque son aspectos clave del mediocampo moderno, por lo general se llevan a cabo en un escenario en el que el jugador tiene más tiempo y espacio para operar.

En realidad, tiene sentido. Cuando un delantero o un número 10 intenta un pase intrincado crea una situación de gol. Pero también el riesgo de perder la posesión. Sin embargo, si ocurre lo peor, todavía hay muchos jugadores detrás que pueden recuperar el balón.

Si el mediocentro pierde el balón al intentar una pequeña habilidad, es muy probable que la transición resultante se convierta en una oportunidad para que el adversario marque.

Por lo tanto, los laterales centrales pueden mejorar su juego trabajando en el pase y el manejo de balón en situaciones de baja presión.

Top Tip To Take-Away 22 - Desarrolla tus habilidades de juego de pies y de balón como jugador en defensa; pero no olvide que a la Fila Z de la tribuna principal le gusta ver el balón de vez en cuando. A continuación, analizaremos este punto.

Las áreas técnicas en las que debe trabajar un centro de apoyo

Nos atenemos a todo lo anterior. Hoy en día, un gran centro necesita ser un futbolista de verdad, no sólo un tapón eficaz. Sin embargo, esas viejas habilidades no son completamente redundantes. Hay momentos en los que hay que ganar el balón, hay que parar a un adversario y hay que despejar un balón. Así que, además de las habilidades de 'pelota' mencionadas anteriormente, argumentaríamos que un gran centro de espalda necesita trabajar, en entrenamiento, en los siguientes aspectos más 'robustos' del juego.

Rumbo: La altura y la distancia son las claves de un cabezazo defensivo. Los jugadores atacan la pelota, en lugar de esperar a que llegue a ellos. Los brazos se mantienen abiertos para mantener el equilibrio, y un empuje de "pico de gallina" de los músculos del cuello imparte poder.

Los laterales centrales suelen ser el blanco de las jugadas a balón parado. Las esquinas, los tiros largos y los tiros libres pueden ser dirigidos hacia estos jugadores. Por definición, el defensa central suele ser uno de los jugadores más altos sobre el terreno de juego, y también uno de los mejores cabeceros del balón. La jugada en el primer palo, en la que el jugador golpea el balón con la parte superior de la cabeza, es una jugada contra la que es casi imposible defenderse. Sigue siendo una de las formas más habituales de marcar desde los córners.

Un cabezal de potencia atacante utiliza la misma técnica que el cabezal defensivo, aunque el atributo de altura se sustituye por el de dirección. Los jugadores buscan ponerse por encima de la pelota para dirigirla hacia abajo y usar los músculos del cuello para dirigirla.

Por último, los defensas a veces buscan cabecear el balón cuando no están bajo presión, por ejemplo, al cortar un pase cruzado. Lo ideal es que aquí se busque un pase de cabeza. Una vez más, la técnica básica es la misma que antes, con brazos anchos y piernas espaciadas formando una base sólida y equilibrada. El cuello se retuerce al contacto para dirigir la pelota.

Entrenamiento y Encabezamiento: No podemos dejar de insistir en los elementos de seguridad de cabecear la pelota. El impacto a largo plazo de cabecear el balón en los jugadores de fútbol no ha hecho más que empezar a entenderse. Jeff Astle, un delantero centro de los años sesenta y setenta que jugó en el West Bromwich Albion y en Inglaterra, es quizás el jugador de más alto nivel cuya muerte prematura está relacionada con el cabeceo del balón. El jugador murió prematuramente de demencia, que se cree que fue causada por golpes repetidos en la cabeza al cabecear el balón en los entrenamientos y los partidos.

Hasta que los equipos médicos entiendan mejor esta creciente preocupación, aconsejamos que los simulacros de cabezazos sean cortos y se limiten a no más de diez cabezazos en una sesión. La técnica debe ser desarrollada usando una pelota ligera. A los jugadores jóvenes se les debe dar aún menos tiempo para cabecear el balón, a menos que se utilice uno muy ligero, y los menores de diez años no deben cabecear el balón.

Dicho esto, se cree que tener una buena técnica es la clave para evitar el daño cerebral a largo plazo por la repetición de encabezados. Esa técnica sólo se puede desarrollar con práctica. Se trata de una situación en la que los jugadores tienen que practicar el cabeceo para evitar el daño causado por una mala técnica, pero evitar los cabeceos para evitar el daño que esto parece causar.

Lamentablemente, nosotros, junto con toda la comunidad científica en este momento, no tenemos ninguna respuesta que ofrecer para este dilema. Aparte de recordar que la seguridad siempre es lo primero.

Despejando: Al igual que con el rumbo, la altura y la distancia son las claves para despejar con los pies. Esta habilidad defensiva comparte muchas similitudes con otros deportes. Para obtener el máximo control sobre una pelota de tenis, el tiro debe ser golpeado con el punto ideal de la raqueta. Para obtener la mejor precisión con un tiro en el campo de oro, es esencial golpear la bola de forma suave y limpia.

La mejor oportunidad para lograr estos objetivos se produce cuando ofrecemos el área máxima de su herramienta de golpeo a la pelota. La cara más completa del palo de golf, a través de un buen swing, la mayor superficie de la raqueta de tenis, gracias al buen momento.

En el fútbol, nuestra herramienta de golpeo suele ser nuestro pie.

La pelota debe ser golpeada con el área máxima de este miembro como sea posible. Por definición, un despeje es bajo presión (si no lo fuera, el defensor simplemente pondría el balón bajo control y lo regatearía o lo pasaría). Por lo tanto, el riesgo de perder el balón es grande. Al utilizar la parte del pie con la mayor superficie de contacto con el balón, se minimiza el riesgo. Por lo tanto, la pelota debe ser golpeada con el empeine. Esto es cierto tanto si se trata de volear un despeje, como si se trata de golpear el balón desde el suelo.

Los jugadores deben practicar el uso de ambos pies. El pie más débil es "más fácil" de usar cuando se despeja en comparación de cuando se dispara, ya que la potencia y la precisión no son elementos cruciales en un espacio libre. Los brazos se colocan para mantener el equilibrio; el cuerpo se inclina ligeramente hacia atrás para generar altura y la pelota se golpea suavemente con un golpe de seguimiento.

Los defensores no necesitan apuntar a la potencia en el despeje, si el balón se levanta, eso creará tiempo para que la defensa reorganice y repele el siguiente ataque.

Control y Distribución: Sin embargo, terminará las habilidades técnicas que un defensor debe buscar para practicar, enfatizando la importancia de usar ejercicios para mejorar el primer toque, correr con el balón y pasar. Esto es especialmente importante para que los instructores entrenen la mentalidad de los jugadores jóvenes. A menudo, los niños consideran que jugar de 'defensor' es simplemente quedarse atrás y patear el balón.

Para que se conviertan en buenos jugadores a medida que crecen, es vital que desarrollen las habilidades generales del jugador de fútbol.

Todo está en la mente

Antes mencionamos que a menudo el capitán de un equipo es el guardameta. Eso es cierto, pero aún más es un defensa. Consideremos a los capitanes de primera elección de los equipos de la Premier League en la reciente temporada 2016/17. Durante ese período, dos equipos tenían porteros como capitanes regulares, tres centrocampistas y dos delanteros. Un increíble trece, o el sesenta y cinco por ciento de los clubes, empleó a un defensor como capitán. De esos trece equipos, doce usaron una mitad central en el papel.

Esta posición de respaldo central requiere liderazgo, concentración y autoridad. Que son, por supuesto, características de un capitán también.

Un defensa central necesita ser capaz de leer el juego. El posicionamiento es una habilidad clave, al igual que la anticipación. Per Mertesacker fue el medio centro de la selección alemana ganadora de la Copa del Mundo en 2014. Se le conoce cariñosamente como el BFG (por el personaje del escritor Roald Dahl, el Gran Gigante Amistoso). Eso se debe a que, a pesar de sus seis pies y seis pulgadas de largo y desgarbado marco, Mertesacker hizo una carrera a partir de la lectura del juego. No era un jugador especialmente físico, y le faltaba ritmo. Pero lo compensó con creces sabiendo exactamente dónde posicionarse, cómo dirigir a sus compañeros de equipo y cómo anticiparse a lo que podría hacer un atacante contrario.

Un jugador no gana una copa del mundo sin un talento considerable y el BFG es una buena lección para cualquier defensor que sienta que no es lo suficientemente rápido o agresivo como para jugar en la parte de atrás.

Por supuesto, algunos jugadores entienden innatamente el flujo de un juego. Sin embargo, la mayoría de los jugadores que leen bien el juego también son expertos en entender el deporte. Observan el partido sin descanso, estudian los patrones de juego y aprenden los trucos y movimientos favoritos de sus oponentes.

El uso de la televisión y los videoclips ayuda a centrar las espaldas más que los jugadores que ocupan cualquier otra posición en el campo.

Pongámonos Físicos

Fabio Cannavaro, el gran defensa central italiano, sólo medía 1,65 metros en sus calcetines de fútbol. Puyol, el zaguero central del Barcelona, de apenas una pulgada más alto, mide 1,70 metros. Nathan Ake es una promesa en medio de la defensa de Bournemouth en la primera división inglesa y tiene la misma altura. La MLS fue ganada recientemente por el Galaxy de Los Ángeles, donde A J de la Garza era un titular habitual: sólo mide 1,75 metros. Markus Ballmert, un medio centro muy prometedor que juega en Alemania, sólo mide 1,70 metros de estatura.

Pero lo que estos dínamos de defensas de bolsillo comparten con sus pares más altos es una presencia física fenomenal. El entrenamiento con ejercicios de fuerza, trabajo cardio vascular y ejercicios aeróbicos es esencial para que una mitad central, a cualquier nivel, pueda competir en esta posición, que es la más desafiante desde el punto de vista físico.

Los siguientes detalles deben constituir los objetivos de un programa de entrenamiento físico para la mitad de un centro.

Fuerza en la parte inferior del cuerpo: Los medios centrales deben ser lo suficientemente fuertes como para ganar entradas y no ser empujados fuera de la pelota cuando se persigue hacia atrás.

Fuerza en la parte superior del cuerpo: A veces, los desafíos tienen lugar en el aire, o hombro con hombro. Las pesas y otros ejercicios de resistencia ayudan a desarrollar la fuerza de la parte superior del cuerpo para que los defensores puedan ganar estos duelos. Los entrenadores suelen decir que, para ganar un partido, el equipo debe ganar más de sus duelos individuales de lo que pierde.

Por lo tanto, podemos ver que un programa de entrenamiento de resistencia bien planificado y supervisado debería formar parte del régimen de un defensa central, quizás más que para cualquier otro jugador sobre el terreno de juego.

Agilidad: Muchos entrenadores y profesionales argumentarían que la agilidad es aún más valiosa que la velocidad pura (aunque ese es un atributo que sigue siendo importante). Mezcla esa agilidad con una gran comprensión del juego, y el perfecto centro de la espalda está casi ahí.

Por lo tanto, podemos ver que la rutina de entrenamiento para un defensor central debe contener un alto énfasis en los estiramientos. Yoga, Pilates y danza son excelentes actividades para complementar los elementos de entrenamiento basados en el fútbol.

Otra buena actividad de calentamiento que promueve la agilidad en un partido realista como la situación es correr hacia atrás. Aquí se colocan dos líneas de conos. Detrás de un set están los defensores, detrás de los otros están los atacantes. El defensor se pone en marcha un segundo antes que el delantero y se pone delante de él. Él o ella entonces corre hacia atrás, guiando al delantero mientras ellos corren hacia adelante.

A continuación, los jugadores intercambian sus papeles y vuelven a su lugar detrás del juego de conos adecuado.

Salto de pie: Las espaldas centrales deben desarrollar los músculos de las piernas para darles un buen resorte desde una posición de pie. Cuando se trata de cruces, tanto en el juego abierto como en las jugadas a balón parado, hay fundamentalmente tres maneras en las que un entrenador puede intentar organizar sus fuerzas defensivas. La marcación por el hombre es un método. Aquí, el defensor sigue a su oponente. El sistema funciona mientras el defensor no cometa un error o, más incluso, el delantero no encuentre espacio fuera de su atención.

El segundo sistema es el marcado por zonas. En este caso, los defensores se encargan de un sector del área penal. Básicamente, deben ganar cualquier pelota que se juegue en su zona. Las estadísticas sugieren que este es un sistema marginalmente más exitoso que el marcado por el hombre, aunque se cae cuando la pelota jugada es especialmente precisa. Dado que los delanteros están corriendo hacia la pelota, pueden obtener una altura extra en su salto, y también pueden aspirar a alcanzar la pelota en los espacios entre los marcadores de zona.

Debido a que ambos sistemas son falibles, muchos entrenadores ahora emplean una mezcla de los dos métodos. En este caso, el marcado por zonas se realiza en las principales zonas de peligro. Junto a esto, los mejores cabezazos atacantes del balón son los hombres marcados para negar su amenaza.

Como usted puede ver, cualquier defensor que opere zonalmente estará en gran parte inmóvil cuando el balón se juegue en el área. Por lo tanto, para igualar la altura que su oponente puede alcanzar, debe ser capaz de saltar alto desde una posición de pie.

La ciencia le dirá que alguien con un salto en carrera todavía tendrá mayor altura, pero si su oponente es capaz de saltar alto también, será suficiente para evitar un cabezazo limpio.

22 - Una buena comprensión de la teoría de la defensa posicional ayudará a un defensor a convertirse en un jugador más efectivo. No se trata de ganar sólo con ganar la pelota.

Encontrando a Nuestro Compañero de Vida

Los respaldos centrales trabajan en parejas. O tres. Un papel clave para el entrenador es encontrar jugadores defensivos cuyas personalidades y estilos de juego se complementen entre sí. Puede parecer perfecto tener dos defensas que quieran ganar el balón cada vez que se les acerque. Sin embargo, mientras que la agresividad es un atributo indudable de un buen mediocampista, si los jugadores son demasiado parecidos, es probable que surja una situación en la que ambos vayan a ganar el balón, y se cree espacio detrás de ellos.

Por lo tanto, un mejor escenario es emparejar a un gran y decidido ganador de la pelota con otro cuya tendencia natural es barrer y cubrir. Del mismo modo, si bien es importante que ambos jugadores sean competentes en el balón, siempre que uno tenga aptitud para crear situaciones de ataque, funciona bien si el otro es simplemente un buen pasador que puede entregar el balón con precisión y buen ritmo a un compañero de equipo. Su compañero de defensa central, el defensor o el centrocampista tumbado se dejará caer para recibir el pase y crear el impulso hacia adelante del equipo a partir de ahí.

Lo mismo ocurre con el ritmo. Esta es una parte increíblemente importante del juego de hoy, pero podría decirse que el buen entrenador busca emparejar a alguien con una velocidad considerable con un compañero de velocidad media. El jugador súper rápido sabrá entonces que es probable que tenga que recuperar una posición a veces durante el juego.

Sin embargo, el jugador más lento (si vale la pena su sal en el campo de fútbol) habrá aprendido a compensar la falta de aceleración a través del desarrollo de su lectura del juego. De esta manera, el entrenador habrá creado la perfecta asociación en sus defensas centrales de una habilidad para dominar posicionalmente, además de poder cubrir las ráfagas desde el mediocampo o el balón que se juega detrás de la defensa.

A continuación, llegamos a la comunicación en un emparejamiento central. Una vez más, la confianza para hablar e instruir es crucial en todos los jugadores, especialmente en los defensivos. Sin embargo, como con otros aspectos de la defensa, es mejor elegir una pareja donde un jugador es naturalmente más dominante. Este jugador es el que grita instrucciones a sus compañeros de equipo, el que tira de los jugadores con su esfuerzo es el que falta, cuya palabra es ley. El otro jugador será el más atento, que hablará en voz baja con un compañero de equipo después de que un ataque, afortunadamente, se haya roto o un error haya conducido a un gol.

Lo último que necesita un equipo es que dos mitades centrales dominantes se contradigan entre sí, causando caos en una situación tensa.

Como se puede ver, el trabajo del entrenador es mucho más desafiante que el de seleccionar a los dos mejores jugadores para formar una asociación de defensa.

24 - La mejor asociación defensiva no está necesariamente compuesta por los dos mejores jugadores individuales. Está hecho por los dos que se complementan entre sí es mejor.

Conciencia Táctica en Defensa

Ya hemos hablado sobre la forma en que el juego está cambiando para que se base más en la posesión, con todos los jugadores que necesitan estar cómodos con el balón en sus pies.

Muchos entrenadores modernos (con razón, diríamos) quieren que su defensa juegue el balón. Para pasar a lo largo del terreno de juego, y progresar subiendo el terreno de juego de manera constante, tal vez cambiando de juego (golpeando un pase a lo ancho del terreno de juego en uno o dos pasos) para estirar a sus oponentes.

Se defiende esto como una decisión táctica por parte del entrenador. Es más entretenido para los aficionados, más agradable para los jugadores y probablemente más efectivo que simplemente amontonar el balón y esperar.

Sin embargo, hay momentos en que la bola larga puede ser la mejor opción:

- Cuando el defensor en posesión teme perder el balón (aunque también necesita que se le brinde el apoyo necesario para desarrollar la confianza necesaria para asumir riesgos, esto ocurrirá más en los entrenamientos que en los partidos);
- Cuando la defensa contraria está desorganizada, y un pase rápido y largo puede causarles más dificultades que una acumulación constante;
- Cuando un delantero veloz tiene la ventaja en velocidad sobre la defensa, y un balón largo detrás de las espaldas completas lo aprovecha al máximo. Cuando el Leicester City sorprendió al mundo al ganar la Premier League en Inglaterra en 2015/16, una de sus mejores tácticas fue un balón largo detrás de la defensa rival. El delantero del Leicester, Jamie Vardy, superó en velocidad a su defensa central para llegar primero al balón largo.

El Defensor de Ataque - Respaldos Completos, Respaldos de Ala y Volando hacia Adelante

¿Recuerda los días en que los equipos sacaban a dos wingers? Jugadores cuyo trabajo consistía en poner a la multitud de pie mientras corrían por la línea de banda antes de golpear el balón para que el delantero central se levantara con gracia, como si fuera una fuente que estallara desde el Lago Lemán, para cabecear el balón a casa.

Hay una triste ironía: a medida que los terrenos de juego de todos los niveles han mejorado en calidad, lo que hace que el dominio de balón sea una propuesta mucho más atractiva para un futbolista, el extremo tradicional ha empezado a desaparecer de la hoja de servicios del equipo. De hecho, no es raro que un entrenador envíe a su equipo sin laterales, y es muy raro que un equipo cuente con dos de estos veloces.

El Manchester City empieza de vez en cuando con Raheem Sterling y Leroy Sane, pero esto es cada vez más raro, ya que normalmente se introduce el segundo extremo si el City persigue un resultado. Incluso cuando los dos juegan en tándem, la libra esterlina suele desplegarse más como un gran número 10 que como un extremo.

Pero la anchura es crucial para que un equipo pueda atacar con éxito. Sin ancho, el centro del parque se llena de jugadores y no hay espacio para pasar. El sueño de una defensa es enfrentarse a un equipo que sigue siendo estrecho en posesión de la pelota. Y así el juego se ha desarrollado, como siempre. La parte trasera del ala ha resurgido.

Jordi Alba es un gran ejemplo de este tipo de jugador. Considerado demasiado pequeño (1,75 metros) para jugar como defensor fuera de casa, Alba revoloteó en los márgenes del equipo juvenil del Barcelona como extremo. Pero parecía que su pequeña estructura significaría que no se desarrollaría una carrera de alto nivel.

Luego, al trasladarse al Valencia de Unai Emery, el seleccionador español lo cambió a la posición de lateral. En este caso, sus trucos, desde su profundo aliado hasta la velocidad en defensa y en ataque, lo convirtieron en una seria amenaza para las defensas rivales y en una verdadera ventaja cuando su propio equipo estaba bajo presión, especialmente en el descanso.

Tener un marcador tan veloz en un back four o five significaba que la defensa raramente sería superada en ritmo. Muy pronto, Alba volvió a la lista de deseos de Barcelona, y regresó siete años después de que lo dejaran marchar por primera vez.

Los laterales necesitan ser bendecidos con ciertos atributos. Algunos de ellos se pueden desarrollar a través del entrenamiento, otros son cualidades físicas, lo que significa que no todo el mundo es apto para este puesto.

La velocidad es esencial. Un lateral debe tener una ráfaga de aceleración que le permita superar a su propio defensor. Como también son principalmente defensivos, deben ser capaces de recuperar su propia posición durante la transición cuando han sido atrapados lejos del terreno de juego.

Un buen conjunto de pulmones también es crucial, y esta capacidad aeróbica se puede desarrollar con un entrenamiento de resistencia adecuado. Los laterales son jugadores que corren más que la mayoría de sus compañeros durante un partido. Pero lo que marca su necesidad de una condición física extrema es que también pasarán mucho de ese movimiento en las carreras de velocidad.

Un centro de gravedad bajo es útil. No sólo necesitarán la agilidad para girar y girar contra sus oponentes, sino también para responder a los laterales complicados cuando estén cumpliendo con sus deberes defensivos.

Aliado a estos atributos físicos, un lateral necesita la astucia de un extremo. Las habilidades que proveen esto pueden ser trabajadas en la capacitación. El manejo de balón con ambas piernas, el paso por encima, la capacidad de acelerar rápidamente: estas son las habilidades de la nueva generación de los laterales. Finalmente, una buena habilidad para cruzar es una habilidad que se debe tener. No tiene mucho sentido haber llegado a una excelente posición amplia si el pase resultante es desviado.

Para los que tienen la constitución física y la determinación de jugar en la posición, ser un lateral hacia atrás es un papel realmente satisfactorio sobre el terreno de juego. Por supuesto, una de las líneas genéticas de la espalda de un lateral es una historia de habilidades de espalda completa. Sin embargo, al añadir el dinamismo ofensivo a estos atributos defensivos, el jugador se vuelve aún más útil a un equipo... y termina con un papel más agradable que desempeñar.

Consejo principal para llevar 25 - Incluso los atacantes con mentalidad de ataque deberían trabajar en sus habilidades defensivas, porque un día se les puede pedir que jueguen como retaguardia.

Lidiando con un Mago Lateral - Mirando la pelota, no los pies
Es cierto que los lectores de este libro, tristemente, no se encontrarán con un Ronaldo, o Lionel Messi o Eden Hazard en su mejor momento. Estos magníficos goleadores cautivan incluso a los mejores defensas. Pero todo es relativo. Sea cual sea el nivel en el que usted juegue o entrene, se encontrará con jugadores que tienen, para ese nivel, un gran talento.

¿Cómo defenderse de ellos sin acabar de espaldas, con el extremo que se dirige a atacar la portería detrás de nosotros?

Hay una serie de trucos y tácticas que los defensores utilizan para aumentar sus posibilidades de ganar el balón. El objetivo número uno es acosar al oponente para ralentizarlo hasta que llegue el apoyo. Luego, con el respaldo detrás, puede hacer un esfuerzo para ganar el balón".

El Harrying consiste en dar marcha atrás al delantero, dándole suficiente espacio para que se le dificulte golpear el balón y le dé un pase. Permanecer de pie, usar los brazos para mantener el equilibrio, dar más espacio al pie más débil del jugador, mantenerse ligeramente alerta y mantener un centro de gravedad bajo para permitir un rápido cambio de dirección son habilidades clave para practicar en los entrenamientos.

En una carrera a pie recto, un delantero suele superar a un defensor; esa es la naturaleza de las dos posiciones. Sin embargo, el entrenamiento de velocidad y el trabajo en la parte inferior del cuerpo pueden ayudar a un defensor a desarrollar la aceleración explosiva que detiene al delantero que pasa por encima de ellos. Para vencer a un jugador, el atacante debe golpear el balón más allá del defensor, y es en este momento cuando la aceleración rápida detendrá la ofensa y ganará el balón.

Sin embargo, además de todos estos movimientos defensivos, lo más importante de todo es que el jugador defensivo **mantenga la vista en la pelota**. Un adversario complicado usará pasos por encima, insinuaciones con los ojos y los hombros para tratar de mover al defensor en un sentido mientras el balón se desplaza en el otro. El elemento clave para ver es la pelota. Cualquier movimiento que haga el delantero es irrelevante hasta que intente coger el balón y vencer a la defensa.

26 - La paciencia es importante para un defensor; comprometerse a abordar la pelota demasiado pronto puede tener consecuencias catastróficas. Mantenga la vista en la pelota todo el tiempo.

27 - El papel de un jugador en la defensa está evolucionando. Cada vez más, se espera que estos jugadores sean creativos y no simplemente destructivos. Esto es algo bueno. El fútbol es un juego de belleza, no de devastación. Sin embargo, los defensores no deben perder de vista su papel principal, que es impedir que un equipo contrario cree la oportunidad de marcar. Los ejercicios defensivos y los entrenamientos siguen siendo importantes incluso en un juego cada vez más ofensivo.

Aptitud Física

Los equipos exitosos marcan los goles más tardíos. (También son los que marcan más goles en otros periodos del partido, por lo que son los más exitosos). Pero esto es significativamente así en los últimos diez minutos.) Hay una buena razón para ello. Pep Guardiola, Sir Alex Ferguson, Arsene Wenger y otros grandes entrenadores insisten en que sus equipos estén lo más en forma posible.

En 1999, el Manchester United perseguía un triplete improbable de Liga, Copa de la FA y Liga de Campeones. Parecía que el último de ellos iba a pasar por encima de ellos cuando se dirigían al Bayern de Múnich al final del tiempo reglamentario. Pero dos goles en el tiempo añadido le dan la vuelta a la tortilla. ¿Suerte? No, físico. Un buen físico cuenta aún más al final de un partido.

En el momento del saque de salida, ambos equipos están deseosos de irse, y la diferencia de forma física entre ellos será pequeña. Para el final del juego, esa diferencia será mucho mayor, hasta un punto en el que se gane el partido.

La aptitud física conduce a la aptitud mental. Reduce las posibilidades de lesiones. Aún más importante, promueve una vida más larga, mayor energía y la liberación de endorfinas después del ejercicio da una sensación de bienestar y satisfacción que es adictiva.

De hecho, los beneficios del ejercicio físico son tan considerables que es difícil entender por qué toda la población no hace ejercicio regularmente. Por supuesto, no es tan fácil como eso. Algunas personas encuentran que el ejercicio es divertido, otras no. Crear tiempo para mantenerse en forma en un horario ocupado es otro desafío que impide que algunas personas salgan al aire libre o vayan al gimnasio.

Sin embargo, como aficionados al fútbol, jugadores y entrenadores, lo más probable es que la condición física sea algo importante para nosotros. Como resultado, reduce su riesgo de enfermedad cardíaca y diabetes; sus huesos y músculos serán más fuertes y durarán más tiempo.

Cuando usted hace ejercicio, reduce el riesgo de problemas de salud mental y mantiene su peso bajo control. De hecho, considere lo siguiente y compártalo evangélicamente con sus compañeros, amigos y familiares.... Los ejercicios

- Reducirán la mitad del riesgo de contraer diabetes tipo 2;
- Reducirán el riesgo de cáncer de colon en la misma proporción;
- Reducirán el riesgo de enfermedades cardíacas en más de un tercio;
- Reducirá el riesgo de contraer cáncer de mama en un quinto;
- Reducirá el riesgo de sufrir depresión en un tercio;
- Reducirá en un tercio el riesgo de caídas entre los ancianos;

- Reducirá el riesgo de demencia en un tercio;
- Reducirá el riesgo de fractura de cadera entre los ancianos en casi un 70%;
- Reducirá en un tercio el riesgo de muerte prematura;
- Promueve una sensación general de bienestar;
- Mejorará el estado de ánimo;
- Lo convertirá en un mejor futbolista que disfrutará más del juego.

La fuente de estos hechos es muy fiable: el Servicio Nacional Británico de Salud. (Aparte, es decir, de la prestación final enumerada, aunque, sin duda, el NHS también estaría de acuerdo con ello).

Específicamente para los jugadores de fútbol, algunas actividades ofrecen beneficios particulares.

Correr para estar en forma para el fútbol

Todo futbolista, entrenador o aficionado que desee mantener su nivel de forma física a un alto nivel puede disponer de treinta o cuarenta minutos al día para hacer una buena carrera de unas tres millas. Para el entrenamiento específico de fútbol, los siguientes puntos lo ayudarán a desarrollar la resistencia apropiada para el juego.

- Encontrar una ruta que incluya pendientes- el trabajo en pendientes ascendentes realmente lo ayudará a desarrollar su capacidad aeróbica;

- Alrededor de dos tercios de la carrera, busque una colina empinada y úsela para hacer un de trabajo de sprint. Corra treinta metros por la colina, luego dé la vuelta y vuelva a trotar. Descanse durante treinta segundos y luego repita. Intente hacer cinco sprints antes de terminar el trote.

Por supuesto, para aquellos que lo prefieren, una cinta de correr se puede utilizar para generar las mismas condiciones ambientales. Para algunos que realmente disfrutan de sus ejercicios, y pueden pagar las cuotas del gimnasio, esta es una buena manera de hacer ejercicio. Sin embargo, para la mayoría de las personas que encuentran el elemento de trotar en el entrenamiento físico un poco tedioso, correr al aire libre es más satisfactorio.

Desarrollo de la velocidad y la aceleración

Aquí hay un ejercicio simple que puede ser usado para ayudar a desarrollar habilidades de sprint. Repetir el ejercicio tres veces por semana ayudará a aumentar la velocidad desde un comienzo y la aceleración desde una posición de trote. Los reflejos también mejorarán a medida que sus músculos sean entrenados para reaccionar.

El ejercicio es sencillo, pero la seguridad es muy importante. El ejercicio implica una caída, y ésta debe ser de un objeto sólido y seguro, como barras de pared en un gimnasio. Para evitar la tensión y el daño de los ligamentos de la rodilla, lo mejor es utilizar un suelo que ceda ligeramente. Debido a que este ejercicio implica trabajar los músculos de las piernas con fuerza y algo de trabajo de impacto, es importante asegurarse de calentar antes de participar en el ejercicio.

Desde una altura de aproximadamente un metro, salte con cuidado al suelo. Al aterrizar, déjese caer suavemente en una posición en cuclillas y luego enderécese suavemente. Repita cinco veces.

Un jugador de fútbol cuida su cuerpo

Su cuerpo es un templo. Bueno, eso es un poco un cliché, una frase usada en exceso que garantiza una sonrisa sarcástica. Pero hay algo de verdad detrás de ello. Si no se encuentra en buena forma física, no podrá rendir al máximo en el campo si su cuerpo no está en perfecto estado.

Usted verá la dieta más adelante, pero hay un par de hacks muy simples que todo el mundo puede seguir para ayudar a su cuerpo a mantenerse en óptimas condiciones. De hecho, estos dos "ejercicios" son los que todo el mundo debería seguir, ya sean jugadores de fútbol o no. Estos son el sueño y el descanso.

Dormir

Sleep Foundation da una explicación clara de lo que les sucede a nuestros cuerpos cuando dormimos. Durante aproximadamente tres cuartas partes de la noche dormimos en la etapa NREM (etapa de movimiento ocular no rápido). Esto dura un ciclo de alrededor de noventa minutos, e incluye la hora más importante del sueño. Durante esto, el suministro de sangre a los músculos aumenta, lo que permite que se produzca el crecimiento y la reparación de los tejidos. Está claro por qué es importante para un deportista.

Su nivel de energía se restaura durante esta parte del proceso del sueño y se liberan hormonas que ayudan al desarrollo muscular.

Durante aproximadamente un cuarto de la noche, de nuevo operando en un ciclo de noventa minutos, dormimos en la etapa REM (movimiento ocular rápido). Es durante esta parte del sueño que usted sueña, porque su cerebro está activo y se genera energía tanto para el cerebro como para el cuerpo. Este es el punto en el que se repone los recursos necesarios para el rendimiento del día siguiente; el papel esencial del sueño antes de un partido está claro.

A algunas personas les resulta difícil dormir. Como dijo Shakespeare en Macbeth, es "el sueño el que teje la manga revuelta del cuidado" que es "el bálsamo de la naturaleza". A veces, para las personas que sufren de insomnio, se necesita asesoramiento médico adecuado. Sin embargo, los siguientes consejos pueden ayudar a lograr una buena noche de sueño.

- Evite la estimulación visual una hora antes de dormir, por ejemplo, apagando el teléfono;
- Evite el alcohol, que causa alteración del sueño;

- No coma demasiado tarde en el día;
- Mantenga fresca la habitación en la que duerme;
- Evite las bebidas con cafeína después del almuerzo;
- Las aplicaciones de ruido blanco, la lectura (de un libro, en lugar de la pantalla) y escuchar música tranquila también pueden ayudar a algunas personas a dormir.

Juzgar la cantidad de sueño que un individuo necesita no es una ciencia exacta, sin embargo, como regla general, las siguientes pautas muestran que la mayoría de las personas no obtienen todo el sueño que necesitan. Los niños y niñas de un equipo de menos de 10 años deberían estar recibiendo de diez a doce horas por noche. Los adolescentes requieren aproximadamente nueve horas y los adultos deben tener entre siete y nueve horas.

Descanso

Parece irónico que en una sección que destaca la importancia de la actividad física para promover el buen estado físico, debamos enfatizar la importancia del descanso, pero aun así es importante evitar la fatiga del exceso de ejercicio. Incluso a nivel profesional, usted puede ver que los jugadores se cansan física y mentalmente si actúan con demasiada frecuencia.

Por eso es aconsejable organizar un programa personal de entrenamiento físico con un profesional -quizás el experto en acondicionamiento físico de nuestro club, o quizás un entrenador personal del gimnasio- para maximizar los beneficios de la actividad física sin arriesgarse a sufrir lesiones o a obtener un rendimiento deficiente al realizarla en exceso.

Dieta

Como se señaló antes, Brian Clough fue uno de los grandes entrenadores de la historia del fútbol. Tras su paso por el Hartlepool United, mencionado anteriormente, dirigió a dos equipos anticuados: el Derby Cunty y el Nottingham Forest, y los llevó a ambos al título nacional.

Llevó al pequeño Derby County al campeonato de liga a principios de 1970 y a las semifinales de la Copa de Europa antes de ser derrotado en las dos piernas por algunos de los árbitros más dudosos de todos los tiempos contra el gigante italiano Juventus. Luego, el aún más pequeño club de Midlands, Nottingham Forest, fue conducido a la conquista de varios trofeos nacionales por el brusco Geordie (nació en la dura ciudad de Middlesbrough, al noreste del país). Clough también consiguió dos Copas de Europa para el equipo, que alcanzó su apogeo a finales de los años setenta y principios de los ochenta. Pero ¿cuánto más podría haber logrado si Cloughie (como se le conocía cariñosamente) hubiera tenido más que un conocimiento rudimentario de la dieta? El agua había sido la forma de rehidratarse, en lugar de la cerveza. El pollo y la pasta reemplazaron al pescado grasiento y las papas fritas.

Los nutricionistas de hoy soportarán pesadillas pensando que los deportistas profesionales deben poner en su cuerpo alimentos como los que Cloughie compró para sus jugadores. La idea de que sólo los equipos de las ligas inferiores tenían esta idea de la dieta tampoco se sostiene (al igual que los jugadores). Hasta la década de los 90, era habitual que los futbolistas ingleses celebraran las victorias o lamentaran las derrotas con una abundante cena de pescado y patatas fritas, a menudo bañada con pintas de cerveza británica tibia.

De hecho, no era inusual que hubiera una cultura de consumo excesivo de alcohol en los clubes. Dos de los equipos más grandes del mundo, el Arsenal y el Manchester United, sufrieron de esto a finales de la década de 1980. De hecho, fue una mezcla de los ideales visionarios de Arsène Wenger combinados con una creciente afluencia de jugadores europeos que trataban a sus cuerpos con más respeto lo que llevó a un enfoque más profesional cuando se trata de dieta. De hecho, el ex entrenador del Arsenal, Mónaco y Grampus Eight dijo una vez: "La comida es como el queroseno. "Si pones el equivocado en tu auto, no es tan rápido como debería ser".

Por supuesto, no somos profesionales. Su vida no puede ser controladas por lo que deba comer para prepararse mejor para su salida de fin de semana al campo de fútbol. Sin embargo, puede seguir algunas reglas sencillas que lo ayudarán a mantener su cuerpo en buenas condiciones, mejor aún para mantener la resistencia física y mental durante el fin de semana.

El setenta por ciento de la dieta de cualquier atleta debe ser de carbohidratos. Esto es mucho más de lo que la mayoría de la gente come. Un deportista activo, entrenando duro un par de veces por semana y con trabajo ligero, como trotar, en otros días que no son de partido, debe aspirar a consumir entre 2.400 y 3.200 calorías por día. Esto es mucho más de lo que la mayoría de los jugadores aceptan. El resultado es que el rendimiento se reduce rápidamente porque el cuerpo se queda sin combustible para accionar los músculos.

Lo mejor es llevar el combustible a bordo a través de refrigerios frecuentes pero pequeños, en lugar de tres comidas grandes. También es muy importante reponer los carbohidratos después del ejercicio o de los partidos.

Los mejores alimentos para un jugador de fútbol incluyen arroz, pan, pasta, cereales, frutas y verduras. Los productos lácteos con moderación proporcionan valiosas vitaminas y minerales. Las semillas, los guisantes y los frijoles proporcionan la fibra esencial. Las proteínas de los jugadores de fútbol se obtienen mejor de alimentos como la leche, los huevos, el pescado, el yogur y el pollo, mientras que los alimentos cocinados en aceite de girasol o de oliva proporcionan suficientes niveles de grasas insaturadas. El salmón y las nueces también son buenas fuentes de este tipo de alimentos.

Todos los atletas deben mantenerse bien hidratados, consumiendo mucha agua.

Los bocadillos de plátanos, barras de muesli, batidos y frutas son buenos, al igual que (tal vez sorprendentemente) los bagels y las galletas.

El doctor Héctor Uso ha trabajado con el exitoso club Villareal de la Liga Española, y recomienda lo siguiente como una buena dieta para consumir antes y después de un partido. Aquí están sus consejos:

- La última comida antes de un partido debe ser a base de carbohidratos (para una energía duradera) con sólo un poco de proteína. Demasiadas proteínas pueden causar problemas digestivos.
- El arroz o la pasta son las mejores fuentes de ese carbohidrato, y una pequeña cantidad de pescado con verduras complementa esto bien.
- Es mejor dejar por lo menos tres horas entre comer y jugar.
- Después del juego es importante comer dentro de los treinta minutos de haber jugado. Esto se debe a que los músculos han agotado su suministro de energía y necesitan una explosión de glucosa y carbohidratos. La pasta o el arroz son una vez más las mejores fuentes para este reabastecimiento.
- Al igual que antes del partido, la comida después del partido también debe incluir algo de proteína para ayudar a prevenir problemas musculares más tarde. El atún, el pollo, el pavo o los huevos son una fuente ideal de esta proteína.
- El agua es una bebida excelente, pero una solución electrolítica como Gatorade o Lucozade es aún mejor, ya que contiene minerales y azúcares que el cuerpo utiliza durante el ejercicio intenso.

- Se debe tomar líquido a bordo antes, después y durante los partidos y las sesiones de entrenamiento. Esto ayuda a evitar los calambres causados por la deshidratación y el cansancio excesivo (físico y mental). Sin embargo, poco y a menudo es la regla de oro con los líquidos. Beber demasiado lleva a problemas estomacales y a una sensación de hinchazón.

Cuida nuestro cuerpo controlando lo que ponemos en él y nos volvemos más sanos, en forma y mentalmente más robustos. Y como indican los párrafos anteriores, mantener una dieta saludable no tiene por qué ser caro ni especialmente complicado. El sentido común y un poco de cuidado son suficientes para asegurar que nuestra dieta ayude a nuestras aspiraciones deportivas.

28 - La importancia del ejercicio - para el fútbol y la vida - no puede ser exagerada. Sin embargo, no es la manera favorita de todos de pasar una hora. Hacer ejercicio con una pareja, de forma competitiva o al aire libre ayuda a hacerla más sabrosa.

29 - Los jugadores de fútbol aficionado pueden mantener una buena dieta sin tener que dedicar sus vidas a lograrla. Comer y beber con sensatez, con moderación y comer una variedad de alimentos logrará sus objetivos.

Todo está en la mente

Pensemos en los grandes de la historia del fútbol. A finales de la década de 1990 y principios de la de 2000, muchos argumentaban que el mejor jugador del mundo era el mágico francés Zinedine Zidane. Desgraciadamente, Zidane no es recordado por su asombroso talento natural, ni por su compromiso con la selección francesa, con la que ganó la Copa del Mundo en 1998. Ni por las 108 convocatorias que ganó en representación de su país, ni por la brillante carrera que disfrutó con el Real Madrid como jugador y, más tarde, como entrenador.

Es ese cabezazo en la final de la Copa 2006 el que, triste y erróneamente, más define a este asombroso exjugador. Era el último partido de Zidane, que había anunciado su retirada antes de la competición. Pocos esperaban que a Francia le fuera particularmente bien. Su magnífico equipo de la última parte del milenio anterior se estaba desintegrando, y su paso a la final sorprendió a muchos.

Una vez allí, tomaron la delantera contra un equipo italiano endurecido y cínico, con un penalti que el propio maestro Zidane marcó con indiferencia. Sin embargo, Italia fabricó un empate y el partido se prolongó hasta la prórroga.

Marco Materazzi fue un duro lateral central de ataque, conocido por su temperamento provocador que lo llevó a recibir nada menos que veinticinco tarjetas rojas durante una carrera de juego que abarcó diez equipos y cuarenta y un partidos internacionales. En la final se esperaba que estuviera de buen humor. Fue él quien marcó el gol del empate el que llevó la final a la prórroga. Más tarde, volvió a marcar en la tanda de penales, en la que el trofeo se dirigió a Italia.

El vídeo muestra al defensa italiano agarrando a Zidane por el pecho con el balón a la vista. El ataque se rompe y los dos jugadores se separan con palabras intercambiadas entre ellos. Entonces, Zidane se da la vuelta y da un cabezazo a Materazzi por la fuerza en el pecho. No lo suficiente para provocar la respuesta del defensor. Al ver venir el cabezazo, se lanza hacia atrás, agarrándose el pecho como si le hubieran disparado a corta distancia con una pistola de doble cañón. (Materazzi pronto se recuperó una vez que Zidane recibió la tarjeta roja.)

Más tarde, se hizo evidente lo que se dijo: los de Materazzi eran racistas, insultantes, ofensivos e innecesarios. Sin embargo, el fútbol mundial, a través de los inciertos auspicios de la FIFA, tolera el racismo de una manera que es imposible de contemplar en el mundo de la educación, incluso en la escoria de la segunda década del siglo ^{XXI}; en 2006 apenas se consideraba un delito, lo que constituye una acusación atroz contra el liderazgo del fútbol.

Aparentemente, Zidane le había dicho irónicamente a Materazzi mientras se separaban: Si tanto quieres mi camisa, te la daré después del partido". A lo que el defensor respondió, admitiendo que preferiría a su hermana. De hecho, Zidane afirmó que el defensa también insultó a su madre, y ciertamente parece que al ver las imágenes dijo algo más que estas palabras. Sin embargo, lo que admitió fue suficientemente malo. Nadie quiere que describan a su hermana como una "fulana"; para un musulmán como Zidane la frase es aún más ofensiva. Incluso Materazzi admitió más tarde que quizás había ido demasiado lejos. No es algo particularmente agradable de decir, lo reconozco", dijo, aunque calificó la admisión de la culpa añadiendo: "Pero muchos jugadores dicen cosas peores". ¡Entonces está bien!

Es difícil estar seguro de si el árbitro escuchó los comentarios sobre Zidane, y si, de haberlo hecho, habría hecho alguna diferencia. En realidad, Zidane cometió una conducta violenta y, como tal, se merecía una tarjeta roja. La mirada culpable y preocupada de su rostro contó tanto como se dio cuenta de que su actuación final en el juego de piezas de espectáculo del fútbol mundial iba a terminar prematuramente. Más tarde, Materazzi fue sancionado con dos expulsiones, pero para entonces ya había desempeñado un papel importante en ayudar a Italia a ganar el trofeo. Sin duda, se merecía una tarjeta roja más que Zidane, pero se salió con la suya.

El punto de esta historia es que, justificadamente o no, Zidane permitió que su disciplina mental fracasara, y esto impactó potencialmente en el destino de la Copa Mundial, y en la reputación que se ganó tras una brillante carrera que merecía mucho más.

Cuando pierde el control en su juego aficionado, o comete un error mental que lo lleva a recibir un gol, su fracaso es algo menos público que el de Zidane. Sin embargo, evitar tal situación es un objetivo al que todo futbolista se adhiere.

Antes de examinar algunos de los trucos que puede usar para desarrollar la fuerza mental, trataremos de poner este término un tanto nebuloso en una idea más sólida, definiendo exactamente lo que queremos decir con "dureza mental".

Los Diferentes Aspectos de la Resistencia Mental

Puede dividir el concepto de dureza mental en las siguientes partes constituyentes. Cada una es una característica que tratamos de inculcar en nosotros mismos, o en nuestros equipos, sin quitarnos la diversión de jugar. La competitividad es importante, pero por cada ganador debe haber un perdedor en el fútbol. A veces, la voluntad de ganar a toda costa quita ese placer que todo el mundo debería sacar del juego, y deja de ser un deporte agradable. En cambio, se convierte en un semillero de presión en el que ganar es un requisito que no da satisfacción, y la derrota es una catástrofe que se filtra en otras partes de su vida. La perspectiva lo es todo.

He aquí una definición detallada de lo que se entiende por 'fortaleza mental':

- *Un deseo de tener éxito* - Nota, la palabra es 'deseo' no 'necesidad'. Satisfacer un deseo es placentero; satisfacer una necesidad simplemente sostiene la vida.

- *Un compromiso con el entrenamiento* - La mayoría de los jugadores darán lo mejor de sí mismos en un partido, porque la competición es la razón principal por la que elige el fútbol como su placer en lugar de, por ejemplo, correr sin parar en una cinta de correr. Ese compromiso es más difícil de mantener en una sesión de entrenamiento, cuando el objetivo final es un paso alejado del dolor que sufre mientras empuja su cuerpo al límite.

- *Orientación hacia las tareas* - Este es un elemento más técnico de la fuerza mental. Las metas son más fáciles de alcanzar cuando son cortas y específicas. Tener un "buen juego" es un objetivo vago compartido por todos los jugadores que juegan al fútbol, o a cualquier deporte de competición. Sin embargo, es difícil definir una afirmación tan vaga. ¿Tener un buen juego significa marcar un gol? Si es así, ¿qué pasa si el equipo sigue perdiendo? ¿O marca uno, pero pierde cinco oportunidades fáciles? Los objetivos cortos y definibles lo ayudaran a orientar su mente hacia el logro de pasos sencillos. Voy a perseguir al guardameta, aunque sólo tengo un diez por ciento de posibilidades de ganar el balón"; `Me concentraré en no perder a mi hombre en la defensa de un córner'". Son el tipo de goles cortos y sencillos que, combinados a lo largo de los noventa minutos de un partido, le permiten lograr ese nebuloso concepto de una buena actuación.

- *Atención al detalle* - La concentración a lo largo de un juego es un elemento importante para mantener la fuerza mental. Si usted es descuidado con un simple pase, puede tomar el ritmo de un ataque; si pierde la concentración mientras defiende un saque de esquina, su hombre puede encontrar espacio y anotar contra usted. Mantener la fuerza mental para tener éxito durante el juego es tan agotador como mantenerse físicamente en movimiento durante los noventa minutos.

- *Bouncing Back* - Una parte muy importante de ser mentalmente fuerte aquí. Inevitablemente, durante un partido, las cosas irán mal. El fútbol es un juego de equipo con muchas partes constituyentes. Lo único que puede controlar es a usted mismo. Por lo tanto, los goles serán concedidos, los árbitros tomarán malas decisiones, y se encargará de los tiempos equivocados. La capacidad de aceptar la adversidad como algo inevitable, pero también como algo que puede superar, es fundamental para su fuerza mental.

- *Coherencia* - Este es un tema que ya se tocó. Esa capacidad de rendir bien a lo largo de un partido y repetir ese nivel de rendimiento en futuros partidos es algo que lo distingue como un jugador fuerte.

- *Confianza* - En relación con la capacidad de recuperación, usted debe creer en sí mismo. Si no cree que pueda hacer ese pase, entonces nunca lo intentará y el equipo sufrirá como resultado. Si no cree que pueda recuperarse para hacer un tackle, entonces su oponente marcará, aunque tropiece, pierda el control y le hubiera dado la oportunidad de interceptarlo si hubiese creído en sí mismo.

- *Motivación* - Si no tiene el deseo (¡pero no la necesidad!) de ganar, de tener placer en el juego, de dar lo mejor de sí mismo, entonces no tiene sentido jugar, y debería buscar otras formas de llenar su tiempo o mantener su condición física.

- *Flexibilidad* - Esto suele ser un reto a la hora de entrenar a los jugadores jóvenes. La mayoría piensa que es un delantero central, un número 10 o un extremo. Como jugadores jóvenes, deben probar muchas posiciones y aprender los retos y oportunidades que cada uno presenta. Si su mentalidad se basa en la idea de que "eso representa una oportunidad para aprender una nueva forma de jugar" en lugar de "no estoy jugando a fondo porque soy centrocampista defensivo...", entonces ambos mejorarán como jugadores y ayudará al equipo. También hacer que el papel del entrenador sea más fácil de desempeñar…lo que lo puede ayudar mucho más adelante".

- *Liderazgo* - No todos los jugadores pueden ser capitanes, pero eso no impide que todos los jugadores demuestren liderazgo. Además, la naturaleza del liderazgo cambia con el tiempo. Hace treinta años, el capitán del equipo de fútbol era un individuo temible, que dirigía porque todo el mundo tenía miedo de hacer otra cosa que no fuera seguirlos. Hoy en día, el liderazgo es más sutil. Se trata de sacar lo mejor de cada jugador. Algunos responden a una buena y anticuada "burla"; otros necesitan aliento, o un brazo alrededor del hombro. Los mejores líderes ganan respeto respetando a sus compañeros de equipo y, por lo tanto, tienen más probabilidades de ser seguidos cuando las cosas se ponen difíciles.

• *Organización* - Podríamos pensar que olvidarse de las botas o aparecer en el momento equivocado es la marca de un jugador desorganizado menor de doce años. Sin embargo, la mayoría de nosotros podremos reconocer estos rasgos tanto en los adultos como en los niños. A algunas personas les resulta difícil organizarse. Con respecto a las cosas simples, como tener el equipo adecuado, o llegar a la hora correcta para un partido, entonces una lista publicada en la puerta principal puede proporcionar un excelente recordatorio de ayuda para aquellos que lo necesitan. También funciona una caja que se guarda junto a la puerta y que contiene todo lo necesario para el día. (¡Puede ser para la mochila de fútbol el fin de semana, y los libros de trabajo durante la semana!) Sin embargo, ser organizado es algo más que aparecer con dos calcetines iguales. La organización es necesaria en el terreno de juego. Las mismas personas que se esfuerzan por recordar su equipo son las que tienen más probabilidades de tener dificultades para mantener su disciplina posicional cuando se pierde la posesión. Reconocer esto puede ayudar tanto al entrenador como al jugador. Entender que ser organizado es un reto personal hace que sea mucho más probable superarlo.

- *Tranquilidad* -'El hielo corre por sus venas...' o 'su nervio nunca flaquea...' anuncia el comentarista infectado por el cliché. De hecho, algunas personas parecen estar tranquilas bajo presión. Un poco de adrenalina aumenta el rendimiento y maximiza la eficacia de los músculos. Enfoque la mente y acelere las reacciones. Demasiado, y el cansancio desciende, las reacciones son lentas y la confianza se desvanece. Después de todo, la adrenalina es la sustancia química que su cerebro bombea a través de su cuerpo cuando se enfrenta al escenario de "pelear o escapar". Algunas personas son naturalmente frías bajo presión. Para la mayoría de nosotros, sin embargo, podemos realizar ejercicios de respiración y técnicas de visualización para ayudarnos a controlarnos en situaciones de alta presión.
- *Resistencia - La* última y más importante. Los jugadores que desarrollan resiliencia en el deporte transfieren ese atributo vital a la vida diaria. Esta es una de las muchas maneras en que el deporte nos ayuda en nuestra vida diaria. Sin embargo, la resiliencia tarda muchos años en desarrollarse, y para aquellos que no la tienen no hay una solución rápida. Confianza y creencia en uno mismo; sentido de la perspectiva (jugar un mal pase de espalda que nos lleva a recibir un gol realmente no es el fin del mundo, por muy malo que parezca en ese momento) y una mentalidad que ve cada retroceso como una oportunidad para un nuevo crecimiento en primavera. Estas son las condiciones mentales que están detrás de la resiliencia. Pero la falta de resiliencia se debe a muchos acontecimientos, ninguno de los cuales puede estar relacionado con el deporte. Catástrofes infantiles, duelos,

intimidación... hay muchas razones por las que una persona puede carecer de resiliencia. Todo lo que puede hacer como compañero de equipo, entrenadores y amigos es buscar construir la autoestima de un jugador. Una persona que cree en sí misma se enfrenta al fracaso. De hecho, las personas más resistentes no reconocen el fracaso; algo que va mal es simplemente el primer paso para hacer algo mejor.

Algunas maneras simples de desarrollar la fuerza mental

Nuestro desglose detallado de lo que constituye fuerza mental nos ha ofrecido algunos trucos sencillos para ayudarnos a mejorar esta parte de nuestro juego. Aquí hay una colección de otros ejercicios y actividades que pueden ayudarnos a desarrollar la fuerza mental a través de la mejora de uno o más de los atributos mencionados anteriormente.

Confíe en la Ley de Atracción

Esta teoría se basa en el principio de que las personalidades con mentalidad similar son atraídas. Por lo tanto, una persona que es positiva en su punto de vista tiende a mezclarse con otras que son previsoras y creativas. Como resultado, al compartir ideas en conversaciones y actividades, esa positividad aumenta. Con la positividad viene la voluntad de tomar riesgos, la resiliencia, la confianza y la autoestima. Por el contrario, las personas negativas tienden a atraer a otras personalidades medio vacías y se desarrolla un círculo vicioso de actitudes hacia abajo. Por lo tanto, las personas deben buscar activamente ser positivas, usando un lenguaje elogioso y de felicitación. Cada desafío puede ser visto como una oportunidad, no como una amenaza.

Analizar nuestro propio rendimiento

Puede ser difícil reflexionar sobre un mal desempeño... pero no si ve ese análisis como un ejercicio positivo. Puede pensar en las razones por las que el extremo contrario se metía constantemente detrás de usted (¿debo tratar de comprometerme un poco menos? ¿Podría ser mejor nuestra comunicación?) Luego, puede hablar con sus compañeros de equipo para tratar de encontrar maneras de resolver el problema. Así, los "fracasos" del juego se convierten en puntos de partida para convertirse en mejores jugadores.

Este tipo de análisis es algo que también puede ser utilizado por un entrenador. Los mejores entrenadores utilizan un lenguaje positivo que fomenta la participación de los jugadores. En lugar de "Deberías haber pasado en lugar de disparar en esa situación", intenta algo como "¿cuál fue la mejor opción en esa situación? Entonces, en lugar de hacer que un jugador se sienta mal por su rendimiento, y dañar su confianza, están involucrados en la búsqueda de formas de mejorar su juego.

Enfoque en el presente

El pasado está hecho y no se puede deshacer, el futuro depende de lo que hagamos hoy. Si nos quedamos en el presente, estaremos más concentrados y, por lo tanto, mentalmente más concentrados.

Desarrollar el enfoque

El deporte es una actividad competitiva, así que a veces las cosas van bien, y con frecuencia no es así. Es fácil vivir en el pasado, que es una característica de aquellos con poca resiliencia. Un pequeño ejercicio, llamado las Cuatro D, puede ayudar a concentrarse en el entrenamiento y en las situaciones de partido.

Liberar, Relajar, Revisar, Reenfocar

Liberación - Es perfectamente aceptable liberar emociones después de que algo ha salido mal. Saque la frustración de su sistema rápidamente. Recordando la importancia de la deportividad, esta reacción nunca debe ser perjudicial para los demás, sino que nos dará el primer paso para volver a centrarnos en el juego.

Relajarse - Los ejercicios de respiración lo ayudarán a relajarse; ahora también ha liberado su oleada emocional, esa relajación se logrará fácilmente.

Revisar - Esta es una parte personal del proceso. Desarrolle un sistema que lo ayude a volver a la normalidad. Por ejemplo, para una situación específica del fútbol, es posible que nos haya asado un extremo complicado. Por lo tanto, podríamos decirnos con firmeza que esto no volverá a suceder. "¡Puedo evitar que pase por delante de mí!". La visualización es también una herramienta poderosa. Nos imaginamos que estamos cayendo un poco más profundo y acosando al extremo durante más tiempo, en lugar de zambullirnos como lo hicimos, sin éxito, hace un momento.

Reenfoque - Esto es como un botón de reinicio y debería usar una señal externa, no relacionada con la situación en cuestión. Así que, por ejemplo, puede tener una palabra clave que reinicia su mente. Tal vez un alimento favorito, una pareja o un ser querido. Podríamos usar un botón de reinicio de imagen. Por ejemplo, la hermosa playa que visitamos el verano pasado. Hay dos puntos clave a utilizar con esta técnica de reenfoque: en primer lugar, debe saber de antemano cuál será ese taco - no queremos distraernos teniendo que pensar en uno en el momento en que más lo necesitemos, además de que la repetición de usar el mismo botón hará que el proceso sea más fuerte en nuestras mentes. En segundo lugar, el botón debe ser extremadamente sencillo. Una vez más, no queremos perder tiempo y energía valiosos en la elaboración de algo complejo, como un acertijo o una visualización en tres etapas.

Lleve un diario mental

Este truco contradice de alguna manera el concepto de vivir en el presente. Sin embargo, como es un método para ayudarlo a volver al presente y conservar su confianza, ¡puede permitirlo!

Su diario puede crecer con el tiempo, pero una vez que algo se escribe mentalmente dentro, nunca desaparece. Puede empezar su diario con un pequeño trabajo de preparación literal. Piense en tres ejemplos cuando las cosas nos han ido mal, pero lo superó. Escriba eso. Luego lea sus palabras escritas y cree imágenes para ellas que guarde en su mente.

Luego nos referimos a este diario mental del éxito cuando necesitamos un estallido de confianza. Por ejemplo, cuando usted está a punto de lanzar un penal o antes del saque inicial de un partido importante.

Visualizar un Alto a la Negatividad

Este es un pequeño truco simple pero grandioso para ayudarlo a superar los pensamientos negativos que se pueden introducir en nuestro pensamiento.

Cada vez que un pensamiento negativo entra en su mente se imagina una señal de stop roja parpadeante. Al mismo tiempo, dice la palabra 'PARAR' firmemente en su cabeza. Esto ayuda a romper los procesos de pensamiento negativo y nos permite volver a centrarnos en la tarea en cuestión.

Construya un Manual Mental del Éxito

Pase algún tiempo pensando en lo que representa un buen juego en una situación dada. Eso puede ser físico, mental o técnico. A menudo serán los tres. Piense en los elementos clave que harán que esa situación sea un éxito. Escríbalas y apréndalas. Por ejemplo, cuando se tira, piense "cabeza sobre la pelota" y "apunte a las esquinas"; si se practica lo suficiente, estos pensamientos se convertirán en algo natural, y nos ayudarán a actuar con precisión física en una situación de presión.

Es fácil ignorar la importancia de la fuerza mental en el deporte. Sin embargo, si queremos ser jugadores de fútbol exitosos, la fortaleza mental es al menos tan importante como la técnica y la fuerza física.

Top Tip To Take-Away 30 - Ha mirado con mucho detalle en lo que constituye la dureza mental, y las maneras de mejorarla. Por lo tanto, terminaremos con este simple punto, que puede convertirse en un mantra en nuestra búsqueda de mejoras relacionadas con el fútbol: La fortaleza mental es al menos tan importante como la habilidad y la fuerza en la composición de un jugador de fútbol talentoso.

Aprender de los mejores

Diríjase a cualquier escuela o visite cualquier equipo deportivo juvenil y pida una lista de sus jugadores favoritos. No será una lista especialmente diversa. Cuando se trata de fútbol, lo más probable es que el nombre de Lionel Messi, o Ronaldo, o Neymar aparezca ampliamente.

A medida que envejecemos, aprendemos más de las sutilezas de los distintos jugadores que forman un equipo. Pero todavía está bien tener un jugador favorito. Usted puede aprender de ese experto en fútbol.

Eligiendo Nuestro Modelo a Seguir

Si usted aprenderá observando a un maestro profesional ejercer su oficio, entonces tiene que escoger cuidadosamente a ese genio. Los videoclips son una herramienta útil, pero tienden a centrarse en los aspectos más espectaculares de un juego: buenos tiros, pases, etc. No son los elementos cotidianos del fútbol que, con un rendimiento constante y de calidad, convierten al jugador medio en uno sobresaliente. Para aprender más sobre estos temas, necesita ver al jugador en vivo o regularmente en la televisión.

Eso significa que el jugador tiene que jugar localmente, para que podamos ir a verle en persona, o para un gran equipo europeo que aparece regularmente en la televisión. Probablemente el fútbol más fácil de ver en la televisión en los EE. UU. es la Premier League inglesa. Muchos lectores ya tendrán sus equipos y jugadores elegidos; sin embargo, para los jóvenes que queremos entrar en el juego, y para los jugadores mayores que no tienen ningún favorito en particular, aquí hay una lista de algunos de los mejores jugadores de cada posición que, en el momento de escribir este artículo, están ejerciendo su oficio en la Premier League. Hemos elegido a jugadores a principios o mediados de sus carreras, por lo que se mantendrán fuertes -siempre que las lesiones lo permitan- durante un tiempo.

Huelguistas

El Anticuado Centro Adelante

El hombre objetivo tradicional está desapareciendo del juego, y el número nueve tiene que ser más versátil que en el pasado. **Dominic Calvert Lewin** es un delantero prometedor, un hombre grande y eficaz que también posee buenas habilidades para el regate y el ritmo. Juega para el Everton. **Romalu Lukaku** es el delantero belga del Manchester United. Además de tener una enorme fuerza física, Lukaku merece la pena tener en cuenta sus habilidades para correr, sobre todo cuando se encuentra en una situación de una contra uno en el área y en sus alrededores.

El Jugador Amplio de Puntuación Gratuita

El Liverpool, bajo el liderazgo del efervescente Jurgen Klopp, ha experimentado un resurgimiento en los últimos años. Mucho de esto se ha basado en su devastadora fuerza de ataque de **Roberto Firmino** (a quien veremos más adelante), **Mo Salah** y **Sadio Mane**.

Los dos últimos de este trío tienden a jugar a la izquierda y a la derecha de ataque, y utilizan su ritmo y sus habilidades de carrera para avanzar hacia las posiciones de goleador. Ambos son prolíficos goleadores, difíciles de marcar y con un acabado natural.

El Link Man Center Forward

Así que en el tercero de los hombres de Liverpool del momento. El brasileño **Roberto Firmino** tipifica al delantero del fútbol moderno. Es polifacético y capaz de jugar en cualquier lugar de la primera línea. Posee la habilidad para pasar y la visión de un número 10, el ritmo de un extremo, y es un goleador natural. Para cualquiera que quiera ver al maestro delantero de hoy, Firmino presenta un modelo perfecto. Usted puede aprender mucho de su trabajo fuera de la pelota, así como cuando está a sus pies.

Firmino (junto con Salah y Sane) es también la primera línea de defensa del Liverpool. No es para él una tarea defensiva que se limita a rematar los saques de esquina y los lanzamientos de falta, sino que su función es cerrar cuando la defensa contraria tiene el balón, obligándola a cometer errores y a traspasar la posesión rápidamente. Una tarea de este tipo requiere inmensos niveles de aptitud física.

El Número 10

Muchos dirían que esta posición es ocupada a menudo por el jugador más talentoso de un equipo. Usaremos el ejemplo de **Raheem Sterling**, el prometedor delantero del Manchester City, para ilustrar este papel y la forma en que se está adaptando al juego moderno. Sterling es un buen pasador, capaz de encontrar espacio contra una defensa repleta (un absoluto debe tener habilidad) y un buen finalista. Además, como entrenador, como en el número 10 de estos días, es capaz de jugar como extremo (en su posición original) o como delantero principal. Esta flexibilidad da opciones al entrenador con su formación y crea dificultades adicionales para las defensas, ya que el jugador es capaz de desplazarse en diferentes posiciones.

Mediocampistas

El número 8

Con esto nos referimos al centrocampista, que es un jugador de box a box, tan hábil en el apoyo a la defensa como en la penetración en el área para meter un pase en el momento oportuno. Este tipo de jugador debe ser un buen lector del juego, extremadamente en forma (probablemente es la posición que requiere más correr) y con buen ojo para el gol.

Uno de los mejores perpetradores de la posición en este momento es el mediocampista **Aaron Ramsey**, de Gales y del Arsenal. Pronto se trasladará al Juventus y será un jugador muy difícil de reemplazar para los londinenses del norte. Ramsay marca grandes goles, y también importantes. En dos ocasiones, ha marcado el gol de la victoria en una final de copa. Es raro que, al final del juego, no haya corrido más lejos que cualquier otro jugador en el parque.

El Creador del Juego

A menudo, este papel es ocupado por un número 10, aunque el puesto puede ser ocupado por un centrocampista central. El maestro de los Spurs y Dinamarca, **Christian Erikson,** es un buen jugador para tener en cuenta para aquellos que quieran mejorar en este trabajo. Lee el juego muy bien, puede pasar cortos y largos con precisión y también contribuye con goles cruciales. Los jugadores jóvenes pueden ver cómo trabaja duro para encontrar espacio cuando los Spurs ganan el balón. Los equipos se dispusieron a cerrarlo rápidamente, para evitar que causara daño con su rango de pases, pero Erikson es un maestro en evitar las atenciones de los mediocampistas defensivos.

El centrocampista ancho

Esta posición es la evolución del extremo. Con la aparición de los laterales, muchos equipos evitan utilizar un extremo como su forma de crear anchura, en lugar de exigir que el trabajo se reparta entre el lateral y el centrocampista ancho. Este jugador también tiene responsabilidades defensivas, necesita ser un buen pasador y regateador y tiene ojo para el gol.

Ryan Fraser es un internacional escocés que juega en Bournemouth. Parece ser sólo cuestión de tiempo antes de que se convierta en uno de los principales equipos europeos. Fraser es el arquetípico centrocampista ancho; un corredor devastador con el balón, sus habilidades defensivas también son excelentes.

El centrocampista defensivo central (CDM)

Lucas Torreira es un diminuto acorazado de bolsillo uruguayo que ancla el mediocampo del Arsenal. Todos podemos aprender mucho viéndolo jugar. Torreira lee bien el juego y parece estar siempre en posición de romper los ataques. A pesar de su pequeño tamaño, es un feroz tackleador (su bajo centro de gravedad ayuda aquí), un buen pasador y un jugador con ojo para el gol y un potente disparo lejano.

Defensa

La espalda central

Ya hemos hablado del poderoso **Virgil Van Dijk**. Sin embargo, la talla del defensa holandés es tal que no podemos hacer otra cosa que utilizarlo como modelo para esta posición crucial. Lamentablemente, pocos de nosotros poseemos la gama de atributos que él tiene, pero como él puede hacerlo todo, podemos usarlo como un ejemplo a través del cual podemos mejorar nuestro propio juego de especialidad, y también aprender de él sobre otros aspectos de la defensa.

En primer lugar, Van Dijk es alto, fuerte y rápido. Esto le da una ventaja física que tal vez no podamos replicar. Sin embargo, sus excelentes habilidades con el balón y su rango de pase es algo en lo que podemos trabajar".

Van Dijk también lee muy bien el juego. Puede aprender mucho viendo cómo se desarrolla su posición a medida que se desarrollan las jugadas. También es un gran comunicador, lo que es una habilidad crucial para cualquier posición en el campo, especialmente en el centro de la defensa. El holandés también aporta una amenaza ofensiva a las jugadas a balón parado con su habilidad aérea.

Sin embargo, quizás su mayor atributo es que mejora a los compañeros de equipo que le rodean. Hablamos antes de la importancia de un emparejamiento complementario de la espalda central. Con Van Dijk a su lado, parece ser cualquiera.

La espalda del ala

Vamos a ver a otro jugador del Liverpool primero para esta posición emocionante. **Trent Alexander Arnold** es un joven jugador con un gran futuro. No es el artículo terminado, y eso también nos ayuda a aprender, ya que puede ver cuando comete errores posicionales o estratégicos. Sin embargo, tiene ritmo, una habilidad notable en situaciones de balón parado y es un buen regateador y centrocampista...

El lateral izquierdo del Arsenal, **Sead Kolasinac,** es otro jugador que vale la pena vigilar. El bosnio, junto con su compañero en el lado derecho del campo, **Héctor Bellerin**, ofrece una salida amplia para un equipo del Arsenal que rara vez incluye a los alerones tradicionales.

Tanto Bellerin como Kolasinac están devastados de cara al futuro. Para estudiar una defensa más defensiva, podemos recurrir a **Benjamin Mendy, el** joven defensa francés del Manchester City. Todavía bueno en ataque, Mendy está más en el molde tradicional de espaldas llenas, sólido en defensa y con una buena lectura del juego. En una época en la que la mayoría de los laterales se han convertido en laterales, es uno de los pocos jugadores jóvenes que se comportan como un lateral tradicional para un equipo de élite.

Portero

Recomendamos que los porteros se fijen en dos porteros que, entre los dos, sean el hombre perfecto entre los palos. **David De Gea**, del Manchester United, es un excelente guardameta, con unos reflejos y un manejo asombrosos. Su sentido de la posición es insuperable, y significa que a menudo los tiros que requerirían centelleantes inmersiones de otros guardametas, él simplemente arranca del aire sin esfuerzo. En cambio, **Ederson, el** brasileño del Manchester City representa a la nueva generación de porteros.

Si De Gea es un guardameta súper tradicional con buenas habilidades de distribución, entonces Ederson es un buen guardameta con una habilidad excepcional para controlar y pasar el balón.

Hay muchos otros exponentes brillantes de cada posición y tipo de jugador que podemos ver en la televisión. Los jugadores de Europa, Sudamérica y los propios Estados Unidos son excelentes modelos de los que podemos aprender la técnica, el posicionamiento, la fuerza mental y la importancia de la fuerza física.

Aprenda observando lo mejor, y el lugar para encontrar lo mejor a la hora de analizar el rendimiento es la televisión. Le recomendamos encarecidamente que se suscriba. El análisis de los expertos que tiene lugar en el medio tiempo y después del partido es también una fuente brillante para aprender sobre el juego. ¿Dónde más, si no en la televisión, podríamos tener acceso a algunos de los mejores cerebros futbolísticos del mundo?

Analizar el rendimiento de los profesionales le permitirá estar más informado sobre el juego en su sentido más amplio. Por lo tanto, se convertirá en un jugador más eficaz.

Conclusión

Pep Guardiola es probablemente el mejor entrenador del mundo. Después de haber tenido un gran éxito con el Barcelona, el Bayern de Múnich y el Manchester City, es un entrenador del que todos podemos aprender.

El talento depende de la inspiración", dijo una vez, "pero el esfuerzo depende de cada cuerpo individual".

Puede que sus palabras no tengan perfección gramatical, pero sí envían un mensaje importante. Uno que dice que somos el secreto de nuestro propio éxito futbolístico. Cualquiera que sea el talento con el que pueda nacer, cualesquiera que sean los atributos físicos que posea, su nivel final como jugador de fútbol dependerá del esfuerzo que ponga.

Jugamos al fútbol por placer. Ese placer viene con las bonificaciones añadidas de promover la aptitud física; de generar bienestar mental; de establecer oportunidades para la amistad que pueden durar toda la vida. Esos beneficios son mayores cuando realmente se compromete con el fútbol.

Esperamos que este libro le haya dado una visión amplia y variada de algunos de los trucos que pueden ayudarlo a maximizar su potencial como jugador de fútbol. Tal vez se puedan resumir en un pequeño número de epígrafes:

- Habilidades técnicas maximizadas a través de la formación;
- Habilidades físicas perfeccionadas a través de un régimen de entrenamiento físico;
- Fuerza mental que lo apoya no sólo en su juego de fútbol, sino también en la vida en general;
- La importancia de la comunicación;
- La importancia de leer el juego. Esto se puede aprender estudiando los partidos y viendo a los mejores exponentes de este deporte.

Los buenos jugadores ya utilizarán muchos de los consejos y sugerencias, estrategias y técnicas que se describieron en este libro. Hay una cantidad limitada de maneras de jugar, y para los jugadores experimentados el desafío consiste tanto en mejorar la consistencia y la precisión con las habilidades existentes como en desarrollar otras nuevas. Sin embargo, siempre es útil recapitular lo esencial del juego. Además, se espera que todos los aficionados al fútbol -jugador, padre o entrenador- puedan llevarse algo con lo que puedan mejorar su propio juego... y su disfrute de este.

Ame este hermoso deporte - es el mejor del mundo. También es el más popular, y uno de los más fáciles de jugar. Una pelota es todo lo que se necesita.

Las habilidades y estrategias que se ha destacado en este libro lo ayudarán a mejorar su rendimiento y, por lo tanto, a disfrutar del mejor juego del planeta.

El final.... ¡casi!

Las revisiones no son fáciles de conseguir.

Como autor independiente con un pequeño presupuesto de marketing, confío en que los lectores, como ustedes, dejen una breve reseña sobre Amazon.

¡Incluso si es sólo una frase o dos!

Así que, si te gustó el libro, por favor diríjase a la página del producto, y deje una reseña como se muestra a continuación.

Customer Reviews

★★★★★ 2
5.0 out of 5 stars ▾

5 star	▬▬▬▬	100%
4 star		0%
3 star		0%
2 star		0%
1 star		0%

Share your thoughts with other customers

[Write a customer review] ⬅

See all verified purchase reviews ›

Estoy muy agradecido por su revisión, ya que realmente marca una diferencia.

Gracias de todo corazón por comprar este libro y leerlo hasta el final.

www.ingramcontent.com/pod-product-compliance
Lightning Source LLC
Chambersburg PA
CBHW071503080526
44587CB00014B/2197